Bibliographische Information durch die Deutsche Nationalbibliothek: Die Deutsche Nationalbibliothek verzeichnet diese Publikation in der Deutschen Nationalbibliographie; detaillierte bibliographische Daten sind im Internet über http://dnb.-dnb.de abrufbar

Allen, die unsere Insel lieben

ISBN: 9 783848 265091
© Copyright 2013 - sämtliche Rechte bei der Autorin:
Ria Silva
Herstellung/Verlag: BoD - Books on Demand, Norderstedt:
www.bod.de
Umschlag –Fotos: Alexa Rostoska
www.alexa-rostoska.com
Cover-Gestaltung : Werner Rümmele – Sosua – Dominik. Rep
Allgemeine Beratung: Norbert Strzoda, Moca - DomRep.
Benno Gabbey, Sosua - DomRep

Ria Silva

Auswandern

in

die Karibik

Die Dominikanische Nordküste

Der Insider-Report

Diese Publikation ist die 2. erweiterte und umfassend verbesserte Auflage des Buches gleichen Namens von Mona Delacruz
und erfolgte mit ihrer Genehmigung und der Übertragung des Copyright:
  sämtliche Rechte sind ab 01.01.2013 bei der
Autorin Ria Silva. © Copyright 2013

Umfangreiche Up dates, neue Adressen und Telefonnummern wie auch sonstige wichtige Veränderungen, Neuerungen und Empfehlungen

Für Sie ...
Coole Drinks sind schon in Arbeit....

Warum eigentlich die Nordküste?

Weil sie grüner ist als die anderen Küsten des Landes und weil sie so gut wie
nie von Hurricanes heimgesucht wird.
Beweis:
Betuchte dominikanische Firmenchefs aus Santo Domingo und Santiago haben an der Nordküste ihre Häuser und Apartments.

Vorweg sei bemerkt:
Wir haben zwar alphabetisch sortiert, dies aber nicht innerhalb eines Buchstabens strikt durchgehalten zu Gunsten des inhaltlichen Textflusses:

**Von A wie Ankunft bis
Z wie Zufriedenheit**

Inhalt

Vorwort 11

A
Ankunft an der Nordküste 13
Arbeit 17
Ärzte 22
Adresse 27
Auto mieten oder kaufen 29

B
Benehmen 35
Banken – Kontogründung 38

C
Charakteristika 39
Café Leche 44

D
Discos 45
Durst und Dummheit 46

E
Eheprobleme 47
Elektrizität 47
Einkauf national und international 49

F
Führerschein 52
Firmengründung 53

G
Gringo.. 55
Grundbuchamt.................................. 55
Geldwechsel...................................... 56

H
Haiti... 57
Heiraten... 58
Hauspersonal..................................... 63
Hurricane... 65

I
Internet.. 66
Immobilien: Haus oder Apartment.......... 67

J
Juristen.. 75

K

Klima und Kleidung............................. 77
Krankheiten.. 79
Kriminalität.. 82

L
Landsleute... 86
Lektüre.. 91

M
Miesmacher....................................... 93

N

Notare.. 94
Notdienst- wichtige Rufnummern............... 96

P

Post.. 96
Paß.. 99
Prostitution.. 101

R

Residencia.. 103

S

Sprache... 104
Staatsangehörigkeit................................ 104
Schulen und Kinderbetreuung................. 105
Supermercados. 106
Scheidung... 107
Steuern... 108

T

Telefon.. 110
Titel für Immobilien................................ 111

U

Übersetzungen....................................... 111
Umzug / Container................................. 112

V
Verkehr.. 114
Versicherungen................................... 118
Visum... 120

W
Waffen... 121
Wetter.. 123

Z
Zinsen / Zentralbank........................... 124
Zufriedenheit....................................... 125

Karten mit grober Übersicht von Sosua und Puerto Plata – privat erstellt von unbekannt >>> im Anhang

Hinweise auf Websites:
www.amazon.de
www.dominican-invest.com: Kontakt zur Autorin
www.alexa-rostoska.com
www.laplaya-dominicana.com:deutsch+englisch
www.dr1.com:tägliche Nachrichten in Englisch (IT)
www.nicepeoplenetworking.com: Infos+News
sehr informative, gut gemachte Website (englisch)

Vorwort

**Bienvenidos –
herzlich willkommen
an der
Nordküste der Dominikanischen Republik
auf der Insel Hispañola, die Columbus einst begeistert so nannte, als er 1492 erstmals anlandete.**

Mal zahlt viel Lehrgeld, wenn man in ein fremdes Land übersiedeln möchte – auch wenn man sich schon viele Male zuvor als Tourist dort umgesehen hat.
Ferien sind eine Sache – dort leben ist etwas Anderes.
Das haben Sie richtig erkannt und deshalb diesen Insider-Report erworben. Dieser Report ist nicht billig, aber ein Vielfaches seines Preises wert, wie Sie schnell feststellen werden.
Ich kann hier natürlich nicht über alles und jedes lückenlos berichten. Das würde den Rahmen des Reports sprengen. Und ich kann schriftlich zu manchem Sachverhalt auch nicht allzu deutlich werden, um nicht ins Fettnäpfchen zu treten und mir selbst zu schaden.
Derlei Warnungen wie auch Empfehlungen kann ich Ihnen nur in einem mündlichen Gespräch offerieren.
Wo aber Namen, Adressen und Telefonnummern angegeben sind, handelt es sich um selbst erprobte Anbieter von Dienstleistungen. Das heißt natürlich nicht, daß ich für die Qualität in Haftung gehen oder eine wie eine wie immer geartete Gewähr übernehmen kann.
Einige Adressen sind auch schon wieder aus meiner

Liste gestrichen worden, weil deren Service-Qualität rapide abgenommen hat. Die vormals schon genannten und weiterhin gelisteten Anbieter sind nach wie vor "im Rennen" - und es sind neue erfreuliche dazu gekommen – ohne Provision übrigens, daß ich diese Adressen hier erwähne- Für die Kosten der englischen Übersetzung werde ich allerdings später noch Sponsoren suchen müssen. Wenn Sie aber eine ganz spezielle und detaillierte Beratung brauchen, dann wenden Sie sich vertrauensvoll an mich über den Kontakt auf der Website
www.dominican-invest.com(engl und deutsch)
Dann machen wir ein Date aus in Sosua oder Cabarete und werden zusammen Ihren Fragenzettel abarbeiten. Über den hier üblichen (sehr moderaten!) Stundensatz einigen wir uns zuvor, damit beide Gesprächspartner zufrieden sind. Einfache und alltägliche Fragen beantworte ich Ihnen selbstverständlich auch weiterhin kostenlos per E-mail. Im vorliegenden Report biete ich Ihnen keinen Reiseführer an. Es gibt ihn in jedem Buchladen, und Sie sollten sich einen solchen kaufen – möglichst umfangreich und mit vielen farbigen Abbildungen. Zu diesen Druckerzeugnissen für Urlauber in der Dominikanischen Republik gehe ich keinesfalls in Konkurrenz und verweise in allgemeinen Fragen auf eben diese Lektüre.

**Viel Erfolg und viel Spaß an
der Nordküste der Dominikanischen Republik
... und ... ¡hasta luego!**

Ria Silva   **Cabarete 2013**

Ankunft

Bienvenidos in Puerto Plata Airport „Gregorio Luperon". Inzwischen gibt es außerdem einen - allerdings noch wenig frequentierten - Airport „El Catey". Er befindet sich bei Sanchez auf der Pensinsula Samaná im Osten der Insel. Dorthin fliegen in der Regel wenige Touristen und Residenten, die als Ziel unter anderem den Ort Las Terrenas ansteuern.
Unter „Sprache" (>>>**S**prache) empfehle ich Ihnen einen kleinen Sprachführer. Den sollten Sie sich vor Ihrer Reise etwas zu Gemüte führen. Während des langen Fluges haben Sie dann ohnehin noch zusätzlich Zeit, das Gelernte etwas aufzufrischen. Dieses praktische kleine Büchlein, das in jede Handtasche paßt, bringt nämlich nicht nur die landestypischen Redewendungen, sondern macht Sie so ganz nebenbei auch mit dem Lokalkolorit vertraut.
Zurück zum Airport:
Auch wenn Sie glücklicherweise unter den ersten gewesen sein sollten, die ihre Koffer vom Band holen konnten:
Lassen Sie sich Zeit, bis Sie sich am Zoll anstellen. Aus der Ferne können Sie beobachten, wie nämlich in der Regel nach etwa 20 Minuten das übereifrige Interesse der Zollbeamten beim Durchwühlen der Koffer merklich nachläßt. Nur den Trolley (oder deren 2) müssen Sie sich schnell beschaffen, damit Sie noch einen abbekommen.
Die Halle ist normalerweise klimatisiert, so daß es keine Qual wird, einen Gang ´runter zu schalten.

Apropos einen Gang 'runterschalten:
Das sollten Sie ohnehin tun... und zwar umgehend... denn genau genommen sind Sie ja deswegen hierher geflogen... oder etwa nicht?

Sie haben hoffentlich berücksichtigt, daß Sie keine Lebensmittel einführen dürfen, und sich auch ansonsten umfangreich informiert, was es für aktuelle Zoll-Bestimmungen gibt. Ihre eigenen Umgehungstricks will ich Ihnen nicht ausreden, falls Sie erfahren und clever genug sind.

Aber trotz aller unterstellter Cleverness: bitte
keine Drogen und keine Schußwaffen
Die dominikanischen Gefängnisse sind in ihrer Käfighaltung von Gefangenen wirklich kein Sterne-Hotel. Sie würden jedes Huhn in der Legebatterie beneiden – schon des regelmäßigen Futters wegen, das Sie sich hier im Knast selbst organisieren lassen und dann unter Umständen mit anderen hungrigen Mitgefangenen teilen müssen.

Außerdem geht man auch und gerade mit Gringos (>>>**G**ringos) in der Haft nicht gerade zimperlich um.

Haben Sie den Zoll überstanden und rollen Ihr Gepäck nach draußen, dann behalten Sie es fest im Griff und erteilen den zuständigen Kofferträgern (hinten auf ihren Shirts neuerdings mit "Maletero" gekennzeichnet, damit kein Tourist in falsche Hände gerät) eine freundliche, aber deutliche Absage für ihre angebotene Hilfeleistung:

"Gracias, no necesito ayuda"

Die machen nämlich nichts anderes als das, was Sie auch selbst tun können: Nämlich das Gepäck zum Taxi oder zum Bus der Gruppenreisenden schieben, um dann recht unverschämt abzukassieren – natürlich in Dollar oder Euro.

Wenn Sie dennoch einen Kofferträger benötigen, dann sollten in aller Regel 2 bis 3 Dollar ausreichend sein. Aber unbedingt vorher aushandeln, sonst ist der Ärger vorprogrammiert. Am besten Sie haben dafür ein paar 1-Dollar-Noten griffbereit.

Wenn Sie mit dem Taxi fahren wollen, dann suchen Sie sich das in Sichtweite stehende Auto stets und mit Bestimmtheit selbst aus, denn sonst will der "Vermittler" auch noch Trinkgeld haben, und man fragt sich wirklich, wofür eigentlich?

Aber zuvor noch einen Blick auf die große Preistafel werfen, wo alle Zielorte mit den entsprechenden Gebühren alphabetisch aufgelistet sind. Die Festpreise haben den Vorteil, daß Sie schnellstens an Ihren Bestimmungsort gelangen und nicht in der Gegend herumkutschiert werden, um Km zu schinden.

Am Ankunftsort bezahlen sie strikt nur diesen Preis und ein zusätzliches Trinkgeld nur, wenn der Fahrer auch tatsächlich die Koffer bis an den Eingang oder vor die Rezeption getragen und nicht einfach am Kofferraum abgesetzt hat und dann abgedampft ist.
Noch eins:

Der Taxifahrer kann todsicher nicht herausgeben. Auch in Pesos nicht. Sie sollten kleinere Dollarnoten und auch - wie schon erwähnt – ein paar einzelne Ein-Dollar-Scheine bei sich haben für den Anfang. Münzen kann und wird keiner akzeptieren, da man sie bei der Bank nicht eintauschen kann.
Späterer Geldwechsel in den Peso aus dem €uro ist kein Problem. Der €uro hat immer noch einen sehr guten Kurs hier.
Vor Ihrem Abflug können Sie sich schon über den aktuellen Kus im Internet informieren, um der Abzocke gleich einmal selbstbewußt gegenübertreten zu können.
www.onvista.de/devisen
Genaueres unter >>>**G**eldwechsel.

Nachdem Sie Quartier bezogen, sich häuslich eingerichtet und die Abendmahlzeit zu sich genommen haben, entspannen Sie sich vielleicht beim Anblick eines wunderschönen Sonnenuntergangs und einer Cuba libre oder Piña Colada.
Sollten Sie Ihre **Uhr** noch nicht umgestellt haben:
Während der **Sommerzeit** in Europa (MES) sind es hier **minus 6 Stunden** – im **Winter**(MEZ) **dann minus 5 Stunden.**

Sollten Sie ein privates Quartier gebucht haben und Restaurant-Tipps benötigen >>> **R**estaurants.
Die meisten Restaurants haben Personal, das zumindest Englisch spricht und fast immer 2- oder sogar 3-sprachige Speisekarten vorlegt.

Als Ausländer werden Sie oft zu hören bekommen, daß man Sie einen Gringo (oder eine Gringa) nennt. Was es damit auf sich hat, lesen Sie bitte unter >>>Gringos.

+++++++

Arbeit

Fängt zwar mit **A** an, aber dieses Thema kommt an dieser Stelle etwas zu früh zur Sprache. Unter >>>**V**isum und >>>**R**esidencia erfahren Sie mehr über Ihre Aufenthaltsgenehmigung, bevor Sie an dergleichen wie Arbeit denken können – zumindest, wenn Sie sich selbständig machen wollen.
Aber bitte, nicht so hastig...
da gibt es einiges zu besprechen, zu fragen, zu erfahren etc. Sie können auch (... und das wird oft der Fall sein...!!!) die falschen Leute fragen, und Sie können auch oftmals zuviel fragen (typisch deutsch). Beides ist kontraproduktiv.
An dieser Stelle nur soviel:
Der Bau-Boom ist zwar nicht mehr so rasant wie vor der gerade abklingenden (?) weltweiten Wirtschaftskrise, aber vorerst weiterhin gut unterwegs. Das Handwerk rund ums Haus ist sowieso permanent gefragt. Hier geht alle Nase lang etwas kaputt: Aus Witterungsgründen, weil schlampig gearbeitet wurde, wegen mangelnder Qualität des Materials etc.etc. Dominikaner lernen ihr Handwerk oft nicht wirklich. Sie gucken sich mehr oder

weniger als HiWi etwas ab und praktizieren "learning by doing" – mitunter durchaus ordentlich. Einer meiner aufgeweckten Handwerker hat inzwischen neben seiner praktischen Arbeit an der Uni studiert und darf sich jetzt ganz stolz „Maesto de Construcion" (Baumeister) nennen
Ein europäischer Handwerker (Maurer, Elektriker, Kleimpner, Schreiner etc.) ist jedoch immer gefragt, wenn er sich nicht gerade allzu sehr gehen läßt und wenn man sich auf Qualität und Pünktlichkeit verlassen kann.

Amerikaner arbeiten übrigens gern mit Deutschen zusammen – so sie etwas Englisch sprechen. Wir sind als verläßliche Partner, die Qualität liefern, hoch geschätzt. Eine Meisterprüfung müssen Sie in keinem Fall vorweisen, sollten Sie sich selbständig machen wollen. Von europäischen Stundensätzen müssen Sie sich allerdings verabschieden. Aber Sie leben damit hier trotzdem gut und auch ziemlich unkompliziert – in der Regel ohne lästige Steuererklärungen.

Wir haben hier neben der **DW** (Deutsche Welle) **Kanal 143** auch lokales deutsches Fernsehen. **Kanal 146**, wo Sie Ihre Dienste zu sehr günstigen Annoncen-Preisen für jeweils 4 Wochen Laufzeit mit Verlängerungs-Option anbieten können. Auch Videos mit Musik oder Sprache und Laufbänder kann man beauftragen... und selbstverständlich umgekehrt auch Anbieter finden, die man täglich so braucht für dies und das:

Volker Schettler - Tel.:**+1 809 883 1584**
<u>**DerVolker@aol.com**</u>

Ihren Fernseher melden Sie an bei der Firma
Telectronica De Lancer – Cable Atlantico
Der Laden ist in Sosua – Los Charamicos – also etwas westlich vom Hauptort. **Tel: +1 809 571 3734**
Dort können Sie einen Receiver kaufen und sich für Zusatzgebühren auch weitere Sender freischalten lassen: 2 deutsche Sender aus USA>>>Filme in deutsch **(Kanal 145)** und **Pro7Sat1World** mit den gängigsten Sendungen aus Deutschland **(Kanal 144)** und natürlich **BBC Kan. 48 - CNN Kan. 50 – Sport Kan. 86 + 87**
De Lancer hat auch einen wirklich schnellen Reparatur-Service für Ihren TV – meist in 2-3 Stunden. Prompte Hausbesuche sind auch möglich.

Auch in akademischen Berufen bestehen hin und wieder gute Möglichkeiten, falls Sie sich nicht sowieso einem anderen Business zuwenden wollen.

Marktlücken tun sich immer wieder auf, wenn Sie mit offenen Augen durch das Land gehen – ganz anders als in unseren (über-?)zivilisierten Heimatländern. Doch das muß von Fall zu Fall individuell geklärt werden.

Wollen Sie nicht ausschließlich privatisieren, ist etwas Spanisch unerläßlich. Auch Englisch ist für meinen Begriff doch einigermaßen notwendig. 3-sprachig haben auch und gerade die Damen als Sekretärinnen, im Fremdenverkehr und in der Gastronomie allerbeste Chancen.

Ein finanzielles Polster sollte aber in ausreichender Höhe unbedingt vorhanden sein, bis Sie hier einen Job gefunden oder eine Existenz aufgebaut haben.

Wie und in welchen Branchen Sie sich selbständig

machen können, erfahren Sie auch bei der Deutsch-Dominikanischen Industrie- und Handelskammer in Santo Domingo:

www.ahkzakk.com/republicadominicana.com
Tel:+1 809 688 6700

Da Insider-Wissen von ansässigen (erfolgreichen!) Geschäftsleuten wertvoller ist als in einen Dschungel von professionellen Abzockern zu geraten, guckt man sich erst einmal um und fragt überall selber nach.

Wenn Sie fähig und in der Lage sind, über Internet-Aktivitäten Ihre Brötchen zu verdienen, dann sind Sie hierzulande goldrichtig aufgehoben.
Ohne den Anspruch auf Vollständigkeit zu erheben, hier ein paar Tipps für gesuchte Berufe und Tätigkeiten:

- Physiotherapeuten (die auch mit Klappliegen Hausbesuche machen: Rolfing, Shiatzu, Chiropraktik etc)
- Akupunktur / Homöopathie (!!)
- Private häusliche Krankenpflege/ Hebammen
- PC- -und TV-Spezialisten
- Software –Programmierer /
- Unterricht für PC/Internet
- Alle Arten von Handwerk
- Priv. Autoverleih und Mechaniker-Werkstätten
- Tourismus – Kleinbus-Unternehmen
- Reisebüros, die indiv.Reiseplanung durchführen

- Service versch. Art für Haus, Pool, Garten
- Mode für fülligere Damen und Herren –evt. aus Deutschland und / oder den USA
  Größere und chice Schuhgrößen für Damen
- Großhandel mit sehr spez. Baumaterialien
- Handel mit europäischen Haushaltsgeräten etc.
- Schafe in den Bergen züchten/ Lammfleisch verkaufen (gibt es hier nicht)
- Hundeschule / Hundezucht für Schutzhunde (Schäferhunde, Rottweiler, Riesenschnauzer etc)
- Schneiderei – exclusive Maßmode –Anfertigung
- Innenausstatter- und kreative Innengestalter
- Köche/Köchinnen, die wirklich etwas können, werden ständig gesucht - auch für privat, denn die Dominikaner können in der Regel nicht besonders abwechslungsreich kochen.
- Kuchenherstellung auf Bestellung – und nicht so süß wie bei den Dominikanern üblich. Prompter Lieferservice ist gefragt
- Haushaltsschule für Dominikanerinnen mit ausländischen Ehemännern
- Lehrer / Privatunterricht/ Sprachen / Allgemeinbildung
- Kinderbetreuung außerhalb des Schulunterrichts mit Nachhilfe-Unterricht und mit künstlerischer Beschäftigung (Musizieren,Malen etc.)

Am allerschönsten lebt es sich hier natürlich, wenn Sie bereits in Pension oder Rente sind, die Sie in diesem Land nicht versteuern müssen wie in Deutschland.

Wenn Sie keinen Wohnsitz mehr in Deutschland haben, dann dürfen Sie hier ihr Ruhestandseinkommen vom ersten bis zum letzten Cent selbst verbrauchen.

Von Zeit zu Zeit werden Sie mal bei der Deutschen Botschaft vorsprechen müssen, um nachzuweisen, daß Sie noch leben und ihr Geld zu Recht beziehen...
das war´s dann schon.
In Deutschland können Sie trotzdem ein Konto bei einer online-Bank haben und werden dort als Auslandsdeutsche(r) und damit abgabenfrei geführt.

Über gute Erfahrungen kann ich berichten von der
DKB–DeutscheKreditbank>>>www.dkb.de
Überweisungen wie auch Einkäufe mit der Visa- oder Master Card funktionieren hervorragend wie auch Dauer- und Terminüberweisungen

+++++++
Ärzte

und Apotheker haben hier ein etwas anderes Symbol: den Caduceus – den Stab mit 2 Schlangen und Flügeln.
Bitte googeln Sie selbst Näheres zu diesem Begriff.
So sieht er aus:

Wenn in den USA ausgebildet oder gar in Europa, können Sie sich ihnen (meist) anvertrauen.

Die einfachen Kliniken kennen jedoch oft keinen aseptischen OP. Die hygienischen Bedingungen entsprechen dann nicht dem amerikanischen und europäischen Standard.
Wenn möglich sollten Sie ihren Versicherungsschutz in Deutschland, Österreich oder der Schweiz für stationäre Behandlung und für OPs mit allem Drum und Dran aufrechterhalten.
Für die ambulante Behandlung können Sie sich hier für weitaus weniger Geld versichern lassen, wobei auch Krankenhausaufenthalt und –behandlung anteilig eingeschlossen sind.

Ist eine OP und sonstige stationäre Aufnahme notwendig und Sie sind reisefähig, dann fliegen Sie besser in Ihr Heimatland. Siehe auch >>> **Versicherungen**

Eine englisch-sprachige Ambulance mit 24-stündiger Bereitschaft, die auch im Notfall Hausbesuche macht, befindet sich auf der Südseite der Hauptstraße von Cabarete:
SERVI - MED – Tel:: +1 809 571 0964
Die neu erbaute Klinik – ebenfalls mit 24-Stunden-Bereitschaft – ist in Sosua auf der Nordseite der Nationalstr. 5 :
Centro Medico Cabarete – Tel: +1 809 571 4696
Hier stehen sogar einige Belegbetten zur Verfügung.

Versorgen Sie sich aber in jedem Fall mit den notwendigen Medikamenten, die Sie für's Erste so gewöhnlichen brauchen, im Vorhinein.

Bei besonderen persönlichen Gesundheitsrisiken lassen Sie sich von Ihrem Hausarzt einen Arztbrief mitgeben, damit der deutschsprachige Kollege hier schon von vornherein professionell unterrichtet werden kann über seinen neuen Patienten:

Ein **deutscher Arzt** ist

Dr.med. Norbert Scheufele
-Allgemeinmedizin und Gynäkologie-
Sosua — Plaza Colonial – Tel: +1 829 878 3614

Ich kenne ihn allerdings nur flüchtig und nicht als Patientin, habe aber nur Gutes über ihn gehört.

Ansonsten kann es durchaus sein, daß Sie hier eine bessere medikamentöse Versorgung bekommen, weil der hiesige Arzt nicht nach den restriktiven Regeln der deutschen Krankenkasse behandeln und verschreiben muß.

Mückenspray, Sonnenschutzmittel und all die anderen gängigen Kosmetikartikel können Sie auch hier in jedem Supermarkt kaufen. Sie müssen Ihre Gepäckkapazität damit nicht reduzieren, es sei denn Sie brauchen unbedingt bestimmte Präparate.
Unter Vorbehalt, weil nicht selbst erprobt, aber nach all

dem, was ich bisher so gesehen und gehört habe, doch mit etwas Optimismus gebe ich die von mehreren vertrauenswürdigen Personen angegebenen

Klinik-Adressen in Santo Domingo und in Bavaro weiter:

Hospiten
(Internationales Zentrum für Integrale Medizin)

Alma Mater, esquina Bolivar s/n
Tel +1 809 541 3000
Fax +1 809 381 1070
Website : **www.hospiten.es**
Email : **santo.domingo@hospiten.com**   und

Carretera Higüey, Punta Cana
Tel. +1 809 686 1414
Fax +1 809 455 1121
Email: bávaro @hospiten.com

Die Websites können auch auf Englisch angeklickt werden. Sie können sich ausführlich über die einzelnen Sparten der Medizin informieren und auch über die Tätigkeit und Ausbildung der Ärzte und Fachärzte. Die Kliniken gehören einer internationalen Kette an.

Ein weiteres Hospital in Santo Domingo:
Hospital Vinicio Calvent – Sector Los Alcarrizos
Tel: +1 809 621 6355

Zwei unserer Freunde sind voll des Lobes über die hervorragende kardiologische Behandlung in Santiago in der Klinik
Hospital Metropolitano de Santiago (HOMS)
Autopista Duarte km 2,8 (Tramo Santiago la Vega)
Tel: +1 829 947 2222 (Administration 3037)
Fax: +1 829 947 2223
>>> Hier ein Foto, um ein Bild von der großen, eindrucksvollen Klinik zu vermitteln:

In Santo Domingo gibt es auch eine neuere gynäkologische Spezialklinik, die auf komplizierte Geburten spezialisiert ist und von einer Fachärztin für Krebserkrankungen geleitet wird.
Center for Diagnostics, Advanced Medicine and Telemedicine
Santo Domingo, Plaza de la Salud **+1 809 565 9989**

Zahnärzte:
Praxis Drs. Papatera in Gaspar Hernandez – kleines Städtchen östlich von Cabarete – man spricht Englisch
Dr.Cristobal Payano – Puerto Plata **+1 809 261 1921**
Dr. Rafael Rodriguez C.-
Kieferchirurg und Implantologe
Puerto Plata **+1 809 261 1086**
Andere kenne ich nicht oder ich kann sie nicht empfehlen. Deutsche oder engl. Sprachkenntnisse der hieisgen Ärzte sind übrigens nicht unbedingt eine Garantie für ihre Qualität.

Adresse

Sie brauchen eine europäische Adresse wegen Ihrer Krankenversicherung, Rentenzahlung oder weswegen auch immer? Es sollte aber keine deutsche (schweizerische oder österreichische) mehr sein, von der Sie sich entgültig abzumelden gedenken, um endlich aus dem Gesichtskreis und Einflußbereich der Behörden oder eines anderen unliebsamen Personenkreises zu verschwinden?
Wenn Sie weiterhin Ihre deutsche Adresse behalten wollen, egal ob Sie diese in der Praxis noch nutzen oder nicht, dann sind Sie im Prinzip auch weiterhin in Deutschland steuerpflichtig, und zwar mit Ihrem gesamten Welteinkommen und mit Ihrem Vermögen. So das noch nicht im ganzen Bundesgebiet durchgesetzt sein sollte: es kommt!!!
Die Amis machen es vor- die Deutschen machen es nach

Der Ankauf von Steuer- CDs aus der Schweiz ist erst der Anfang. Nach der Bundestagswahl 2013 wird es sicherlich "zur Sache" gehen, weltweit mal ein bißchen nachzusehen, was unsere deutschen Landsleute so alles im Ausland treiben.

Wenn Sie in Deutschland Einkünfte aus Vermietung und Verpachtung haben, dann sind Sie damit auch bei einem Wohnsitz im Ausland „beschränkt steuerpflichtig".

In der Praxis kann es aber auch anders aussehen, wie ich aus eigener Erfahrung berichten kann. Denn auch wenn Sie alles korrekt eingeleitet und angegeben haben, wird man Ihnen evtl. noch auf Jahre hinaus Steuererklärungsformulare zusenden und bei Nichteinreichung willkürliche Steuerschätzungen vornehmen. Die werden sogar rechtskräftig, wenn nicht fristgerecht Widerspruch eingelegt wird.

Von hier aus werden Sie so gut wie nie diese kurzen Fristen wahren können.

„Macht ja nichts - ich bin ja weg", denken Sie vielleicht?

Aber dann werden Sie noch nach Jahren am Flughafen in Deutschland vielleicht freundlichst herausgewunken, wenn Sie mal wieder Ihr Heimatland betreten sollten.

Also besser, es gar nicht darauf ankommen zu lassen.
Sie melden sich einfach am besten in ein europäisches Land ab, in dem es keine Anmeldepflicht gibt.
Dazu sage ich jetzt erst einmal nichts Weiteres mehr, berate Sie aber gern, falls Bedarf besteht..
Es ist so einfach... wirklich sehr einfach, soviel verrate ich Ihnen hier schon jetzt.

Auto

Mieten ist nicht billig, aber noch moderat. Sie können sich am Flughafen erst einmal ein Auto nehmen für eine gewisse Zeitspanne. Am besten und kostengünstigsten schon im Internet bei einer der international bekannten Vermietungsfirmen buchen... mit Rundum-Sorglos-Paket natürlich – auf jeden Fall!!

Sie sollten sich aber dann ziemlich schnell nach einem privaten Vermieter umsehen, der – zeitabhängig natürlich – evtl. einen besseren Preis macht.
Aber aufpassen, daß man Ihnen da nicht die unverschuldet auftretenden Mängel anlastet.
Wie immer gilt auch hier: einen detaillierten Vertrag machen und das Kleingedruckte lesen!

Einen **Autokauf** tätigen Sie am besten bei oder mit einem deutsch- oder englisch sprachigen Werkstatthändler, der in der Regel auch eine gewisse Garantie für ein gebrauchtes Fahrzeug übernimmt und schnelle Abhilfe schaffen kann, wenn es denn irgendwo klemmt. Das Procedere der Umschreibung der Autopapiere bei Besitzerwechsel ist ziemlich aufwendig und langwierig.

Es gibt Amerikaner, Kanadier und es gibt die **Werkstatt des deutschen Jan Utku,** die mit ihrer großen Autowaschanlage mit Kärcher-Equipment ins Auge sticht – der einzigen weit und breit – jedenfalls an der Nordküste:

MaxWash in Sosua,
Carretera Principal Richtung Cabarete, km 1
Tel:: +1 809 571 4001 oder +1 809 901 0922

Außerdem weiß ich eine gute, sehr seriöse dominikanische Werkstatt für **Bremsen-Schnell-Service**:

Clinica de Los Frenos
Puerto Plata, Camino Real 45
Tel: +1 809 586 4133

Hinfahren - in eine der 15 Boxen einfahren – und in 1 ½ Stunden ist alles fertig.
Nur der Meister persönlich - er ist tatsächlich Ingenieur - kontrolliert und ordnet an, was die Muchachos zu machen haben, (muchachos = junge Männer, Burschen) und er gibt Ihnen vorab den Preis bekannt.
Inzwischen können Sie sich in der kleinen Cafeteria erfrischen oder auch andere Besorgungen machen.
Nach 4 Wochen dürfen Sie nochmals zur kostenlosen Nachkontrolle erscheinen.
Wenn Sie es sich leisten können, dann kaufen Sie sich – so Sie denn wild entschlossen sind, sich hier anzusiedeln – ein neues Auto. Geländegängige Fahrzeuge mit Allradantrieb sind nie verkehrt. Sie sitzen außerdem höher und sehen die Schlaglöcher besser, denn die Straßen sind größtenteils ziemlich miserabel.
Japanische Autos werden direkt importiert, ohne Umweg über die USA, wurde mir gesagt. Ich weiß nicht, ob das stimmt, aber empfehlenswert sind sie in jedem Fall

Benzin und Diesel sind (noch!) etwas billiger als in Europa und kommen größtenteils aus Venezuela.
Die Gallone = 3,785 Liter kostet heute aktuell 216 RD$ für Normalbenzin (war auch schon mal auf 226 Dom. Pesos) . Diesel kostet 209 RD$ / Gallone. Da sind wir inzwischen bei USD 1,42 / Liter (derzeit € 1,09) für Normalbenzin angekommen.

Wenn Sie Häuslebauer werden, brauchen Sie eine geräumige Ladefläche, um manches Material selbst einzukaufen.
Viele **Autos** fahren auch **mit Gas**. Es gibt ausreichend Tankstellen dafür. Meist sind es Dominikaner, die solche Autos fahren: Taxis und Kleintransportunternehmer.

Autosteuer und TÜV

Ihre jährliche Autosteuer entrichten Sie normalerweise im Ayuntamiento (City-Hall oder auch Rathaus), aber es geht viel bequemer, eleganter und auch schneller bei einer kleinen Bank gegenüber dem Supermercado "Playero" in Sosua, wo Sie Ihre täglichen Lebensmittel einkaufen. Sie legen die **Matricula** (Fahrzeugschein) in Kopie vor, sowie Ihre Paß- oder Cedulakopie und Versicherungskarten-Kopie und zahlen Ihre Gebühr.

Diese richtet sich nach Alter und Größe des Fahrzeugs: Für neuere normale Limousinen und kleinere Jeeps zahlen Sie RD$ 2,400,- für die älteren Modelle nur RD$ 1.200,-.(also derzeit 60,- bzw. 30,- USD) für ein Jahr.

Sie erhalten einen Sticker, den Sie sich selbst von innen auf die Autoscheibe kleben. Ebenso den Sticker für die **"Revista"** (TÜV), der nur RD$ 45,- kostet, aber nach Einzahlen bei der Banco de Reservas dann in Puerto Plata unter Vorlage der Quittung und der 3 genannten Kopien abzuholen ist. Von TÜV kann man nicht wirklich reden, denn kein Mensch kontrollliert das Auto wirklich.
Das sind noch wirklich günstige Preise.

Noch einige Schlußworte zum Thema Auto:
Noch gibt es seit einiger Zeit nur eine einzige Radarfalle auf der Schnellstraße von Nagua nach Santo Domingo.

Sollten Sie aber eine heimliche Vorliebe für unbeobachtete und somit ungeahndete private Autorennen haben, dann können Sie diese beim Zustand der meisten Straßen und bei der hier herrschenden Verkehrsdisziplin vergessen. Sie haben schneller einen Motorradfahrer ins Jenseits befördert, als Sie gucken – geschweige denn bremsen können.
Dies ist zwar ein vorwiegend katholisches Land, aber die Dominikaner fahren teilweise wie Buddhisten, die eine sofortige Wiedergeburt erwarten, wenn sie bei einem Verkehrsunfall zu Tode kommen. (smile)
Vergessen Sie ausgesprochene Prestige- oder Angeber-Autos! Gemeint sind tiefer gelegte Sportwagen oder dgl. Sie werden eher belächelt als bewundert. Ihr Auto wird immer öfter und immer länger in der Werkstatt herumstehen, bis die Ersatzteile aus Europa oder den USA kommen und eingebaut werden können.

Außerdem:
Muß man denn unbedingt protzen, um bei Dieben und Einbrechern Begehrlichkeiten zu wecken?
Die Dominikaner glauben ohnehin, daß alle Ausländer Multimillionäre sind.
Ein Europäer erfüllte sich hier seinen Jugendtraum: ein sehr auffälliges Luxussportauto. Daraufhin war er im ganzen Umkreis seit langem der einzige, bei dem schließlich eingebrochen wurde, als er gerade mit seinem flotten Flitzer in der City seine Show abzog.
Dumm gelaufen!

Wenn Sie sich einen Porsche Cayenne oder ähnliche Autos von Mercedes oder BMW leisten können, dann allerdings ist das in Ordnung, obwohl Sie natürlich auch damit auffallen – aber eher angenehm und erst beim zweiten Hinsehen... und eben nicht so krass.

Nur Achtung! Ersatzteile!

Unterwegs sollten Sie mit einem Ersatzrad, Radkreuz und kleinem Wagenheber ausgestattet sein und Ihr Auto mit einer Lenkradkralle als Wegfahrsperre versehen, wenn Sie es für ein (kleines!) Weilchen unbeobachtet in unbelebter Gegend parken wollen.
Und immer innen die Knöpfchen ´runterdrücken beim Fahren! Das ist bei den meisten von uns schon zur automatischen Handbewegung geworden wie das Anschnallen. Fenster schließen, Klimaanlage einschalten, denn bei roter Ampel langt schon mal einer ins offene Fenster und versucht Ihre Halskette abzureißen.

Gerade 14 Tage her, daß ein amerikanischer Nachbar dieses Erlebnis hatte.

Wenn Sie im Parkverbot (No Estacion) stehen, kann es sein, daß Ihr Auto von der **AMET** (Verkehrspolizei) abgeschleppt oder Ihr Auto mit einer Reifenkralle als Wegfahrsperre versehen wird. Ob das Parkverbot-Schild schlecht oder gar nicht zu sehen ist, interessiert die Polizisten dabei überhaupt nicht. Hoffentlich ist die nächste Polizeistation dann nicht allzu weit entfernt.

Das Bußgeld (la multa) müssen Sie verhandeln. Aber sehr diplomatisch und charmant. Kommen Sie aber bitte nie auf die dumme Idee, eine Quittung zu verlangen.

Wir lassen es damit an dieser Stelle bewenden, nicht ohne Sie zu bitten, in jedem Fall sehr defensiv zu fahren, weder auf Vorfahrt noch auf sonstige Rechte zu pochen.

Rotes Ampellicht ist nicht immer ein verläßliches Stopp-Zeichen. Auf ausgeblichenen Zebrastreifen dürfen Sie sich als Fußgänger frei fühlen: zum Abschuß freigegeben! Blinker sind oftmals kaputt oder werden durch nicht ganz eindeutige Handzeichen ersetzt. Motorradfahrer kommen Ihnen in der Einbahnstraße entgegen Für sie scheinen überhaupt keine Regeln zu gelten.

Was einem so alles im Verkehr hierzulande passieren kann, wäre bändefüllend.

Benehmen

Wenn einer nur Urlauber ist und es auch für eine begrenzte Zeit bleiben will, dann benimmt er sich oft auch so, läuft herum, wie es ihm beliebt und mißachtet die abschätzigen Blicke in der Umgebung einfach. Es ist schon komisch, daß man Touristen überall auf der Welt bereits aus 3 km Entfernung gegen den Wind und Sonne erkennen kann.

Machen Sie es lieber nicht wie manche anderen und gehen Sie nicht zum Abendessen mit kurzen Hosen – Strandbars natürlich ausgenommen.
Kein Dominikaner – egal aus welcher sozialen Schicht auch immer – würde das jemals tun. Sie sind immer sauber angezogen, frisch gewaschen, haben blitzblanke Schuhe und duften fast niemals irgendwie streng – ganz im Gegensatz zu so einigen hier angesiedelten schlampigen Europäern, Amerikanern und Kanadiern.

Im Gegensatz zu ihrem korrekten Äußeren ist das Umweltbewußtsein der Domis noch recht unterentwickelt, was sich in der zeitweilig recht unkonventionellen Art des Umgangs mit ihrer Müllentsorgung äußert.

Etwas muß man noch zum Benehmen vorweg nehmen:
Haben Dominikaner keine internationalen Erfahrungen sammeln können, dann kennen sie keine Erziehung im Sinne von unseren, zuweilen doch immer noch üblichen Höflichkeitsregeln. Die Männer werden in den seltensten Fällen einer Dame die Tür aufhalten, ihr in die Jacke

helfen oder sie zuerst grüßen.

Auch Angestellte warten in der Regel, bis man sie grüßt, freuen sich dann und grüßen erfreut lächelnd zurück. Es ist so, als warteten sie ab, ob man überhaupt gewillt ist, ihnen Aufmerksamkeit zu schenken. Kleines Relikt aus der Zeit der Conquistadores (spanische Eroberer) vielleicht?

Der vorvorherige Präsident der Dominikanischen Republik machte Schlagzeilen, als er beim Staatsbesuch des spanischen Königspaares "vergaß", die Königin zu begrüßen.

Das spiegelt in etwas wider, welche Rolle die Frau für dominikanische Machos spielt. Trotzdem sind sehr viele Frauen in der Politik und bei der Polizei vertreten. Sosua hat aktuell eine Bürgermeisterin.

Ansonsten geben sich Domis manchmal als sehr selbstbewußte Alleskönner. Sie sind deshalb auch schnell beleidigt, wenn man mit ihrer Arbeit nicht einverstanden ist. In diesem Fall keinen Streit entfachen, sondern immer mit einem Lächeln alle, wenn auch noch so berechtigte Kritik abschließen:
"Ich weiß, Du kannst das ... also jetzt mach es einfach noch etwas besser..." ... oder so ähnlich.

Aus dem gleichen Grund läßt hier keine Ausländer einen Handwerker ohne Aufsicht arbeiten. Auch den besten nicht, denn auch der ist immer nur so gut, wie man ihm auf die Finger guckt. Das gilt hier übrigens für Handwerker aller Nationalitäten und nicht nur für Dominikaner.

Beispiel Bau:

Sie haben Ihren Arbeitern kaum den Rücken gekehrt, schon wird der Sand anstatt aus der Ferreteria (Baumarkt) vom Strand geholt.

Salziger Sand mit Zement vermischt: daß das zu Ausblühungen in den Wänden führt und sich die Fliesen zu heben beginnen, wissen diese Arbeiter auch. Aber nach dem Motto: man darf alles, sich nur nicht erwischen lassen - probieren sie es immer wieder.

Noch etwas zu den Dominikanern:
Merke:
Hast du einen Domi zum Freund – hast du 20 Freunde
Hast du einen Domi zum Feind – hast du 100 Feinde

Ansonsten lieben die Dominikaner Küßchen rechts und Küßchen links – mehr noch als alle anderen Menschen anderswo auf der Welt. Will mir zumindest scheinen.

Daß die Muchacha (Putzmädchen) auf diese Weise die Hausfrau begrüßt, wenn sie morgens zur Arbeit erscheint, daß der Fliesenleger (nur der Chef natürlich , nicht der HiWi), nachdem er Sie schon etwas länger kennt (so ungefähr eine Woche) die Dame des Hauses auch auf diese Weise begrüßt, ist zunächst gewöhnungsbedürftig.

Wenn Sie das nicht mögen, werden Sie sich Ihre eigenen Umgehungstaktiken ersinnen, die niemanden beleidigen.

Bankkonto

Ein Bankkonto können Sie eigentlich erst eröffnen, wenn sie die Residencia haben. Aber in der Praxis reicht auch das Antragspapier vor der Erstausstellung oft aus, wenn Sie einen Freund mitnehmen, der Kunde bei dieser Bank ist.
Dieses Antragspapier müssen Sie in jedem Fall einfordern, falls man es Ihnen nicht unaufgefordert gegeben hat, und mit sich führen. Auch Selbstverständlichkeiten sollten Sie niemals voraussetzen.
Sie können Eurokonten, Dollarkonten, Pesokonten eröffnen. Eurokonten jedoch nicht in jeder Bank.
Es gibt nur eine einzige ausländische Bank. Die ehemals kanadische **Scotia Bank** – seit einiger Zeit im Besitz der **Chase Manhattan** in den USA.
Für sicherheitsbewußte Kunden eine gute Empfehlung, da diese Bank unter dem Protektorat der Mutter-Zentrale in den USA steht und wohl kaum ein Bankrott zu befürchten sein dürfte.
Scotia hat im Norden Filialen in Sosua, Caberete, Puerto Plata, Santiago. Es sind nur USD- und Peso-Konten möglich.
Ihr Geldtransfer mittels Überweisung auf Ihr Konto muß pro Transfer unter USD 10.000,- oder Euro liegen, um nicht eine lange Erklärungs – und / oder Nachweis-Aktion auszulösen oder Gefahr zu laufen, daß das Geld kostenpflichtig zurücktransferiert wird.
Die Banken wollen damit demonstrieren, daß sie jegliche Geldwäsche im Griff haben. Aber wie immer in diesem Land: Ausnahmen bestätigen die Regel.

Schließfächer haben die Banken hier nicht, aber es gibt in Sosua in der Calle Pedro Clisante neben der Banco Santa Cruz
Bankers Trust. Diese Gesellschaft vermietet Tresore in verschieden Größen. Der Zugang ist Tag und Nacht möglich. Die Schließfächer befinden sich also nicht in unterirdischen Gewölben, wie wir das in Europa gewohnt sind. Sie stehen aber auch rund um die Uhr unter bewaffneter Bewachung.

Übrigens haben alle Banken generell Tag und Nacht einen bewaffneten Wächter vor der Tür postiert, der im Ernstfall nicht lange zögern wird, ohne Vorwarnung von der Schußwaffe Gebrauch zu machen.

Daher sind Banküberfälle hier weitaus seltener als in Europa, falls sie überhaupt vorkommen.

Die **Banco Central**(die Nationalbank mit Sitz in Santo Domingo und Santiago) dürfen Sie nur nach Hinterlegung Ihres Passes oder Ihrer Cedula und nach einem Sicherheits-Check - wie an den Flughäfen üblich - betreten. Die von uns empfohlenen Kopien Ihrer Personal-Dokumente dürften hier in diesem Fall ausnahmsweise nicht ausreichen. Hier sind in der Regel die Originale erforderlich.

Charakteristika

sind unter anderem das völlig andere Spanisch hierzulande. Wenn Sie eifrig in Europa die Sprachschule besucht haben, waren Sie hoffentlich so klug, sich in den

Unterricht eines(r) südamerikanischen Sprachlehrers(in) begeben zu haben. Aber auch das ist noch ein großer Unterschied zum Sprachgebrauch hier im Lande. Außerdem ist der Unterricht hier viel authentischer und auch preiswerter.
Der schon erwähnte kleine Sprachführer hilft da weiter. Das wichtigste Wort wird meistens sein:
>despacio, por favor – langsam bitte,
denn die Domis reden unglaublich schnell...
und sie telefonieren leidenschaftlich gern und endlos lange, obwohl das nun wirklich nicht gerade billig ist. Wenn Sie irgendwo anrufen und das Besetztzeichen erklingt, dann brauchen Sie erst nach einer halben Stunde neu zu wählen – falls dann nicht schon wieder besetzt ist.

Leider muß man sagen, daß alle Angaben subjektiv und geschönt und daher oft falsch sind, die die Prozentzahlen von **Analphabetentum und Arbeitslosigkeit** betreffen. Beide sind in Wirklichkeit erschreckend hoch.

Viele Kinder haben keine Geburtsurkunde, da die Eltern das Geld dafür nicht haben oder es nicht ausgeben wollen. (Das Dokument kostet 1 €uro)
Ohne Geburtsurkunde keine Schulanmeldung, ohne Schuluniform keine Schule. Schreibutensilien und Bücher müssen auch meistens selbst gekauft werden

Bei einer oft reichen Kinderschar ist das nicht so einfach für die ärmere Bevölkerung. So unterbleibt der Schulbesuch eben.

Mit welchem Stolz - sauber gekleidet in ihren Uniformen - dominikanische Kinder zur Schule gehen, wenn sie es denn geschafft haben, die Hürden zu bewältigen, müßten sich einmal die vielen schulmüden und schulfaulen europäischen Kinder ansehen. Vielleicht würden sie dann begreifen, wie privilegiert sie doch in Wirklichkeit sind.

Gewalt an den Schulen ist hier ebenfalls ein Fremdwort.

Wenn Sie ein paar Pesos übrig haben, können Sie ja ein bißchen **Pate(in) spielen** - beispielsweise für die Kinder Ihrer Putzfrau oder Ihres Gärtners – ohne gleich eine dauerhafte Verpflichtung einzugehen.

Dienstleistungen von Reinigungspersonal, Wachleuten, Gärntnern, Chauffeuren, Friseuren, Restaurant-Bedienungen etc. sind ziemlich billig zu haben. Sie sollten immer mal angemessen **Propina** (Trinkgeld) oder ein **Regalo** (Geschenk, auch Trinkgeld) geben.
Die meisten sind darauf angewiesen.

Auch für irgendetwas Brauchbares aus Ihrem Hausrat, das Sie normalerweise wegwerfen würden, sind viele Domis dankbar. Sie haben nahezu für alles Verwendung.

Wichtig zu wissen übrigens:
Logik werden Sie in diesem Land häufig **vermissen**.
Wenn denn angemahnt, wird das nicht verstanden oder lächelnd umgangen.

Ein **Beispiel** von vielen:

Ein Freund wollte uns unverhofft besuchen. Am bewachten Haupt-Gate – gut 2 km von unserem Haus entfernt – woillte man ihn nicht einlassen.
Er nahm sein Handy, rief uns an. Dann gab er dem Wachtposten das Telefon und wir ihm die Order, unseren Freund passieren zu lassen.

Der Wachtposten kam gar nicht auf die Idee, daß wir x-beliebige Personen sein könnten, die ganz woanders wohnen und hier gar nicht ansässig sind – geschweige denn eine Erlaubnis zu erteilen oder zu verweigern haben. Er hätte uns korrekterweise mit dem Gate-Telefon anrufen müssen, um sicher zu gehen.

Die Ausreden und Entschuldigungen sind manchmal genauso kurios. Aber das ist ja eher ein weltweites Phänomen...
Im Allgemeinen sind die Dominikaner ein fröhliches Volk, das viel singt und lacht, wenn auch manchmal sehr laut. Nicht selten fahren Lautsprecherwagen - z.B. für Wahlpropaganda – durch die Gegend, die die Dezibel der Schmerzgrenze um ein Vielfaches überschreiten.
Restaurants von Einheimischen sind denn auch nur kurzfristig zu ertragen, denn die unvermeidlichen Merengue-Hits werden kaum auf verminderte Lautstärke gestellt werden, nur weil ein paar Gringos das möchten.
Aber es gibt ja jede Menge Ausweichmöglichkeiten.

Vermeiden Sie Streitigkeiten, auch wenn Sie noch so Recht haben! Und sollte ein Domi gegen Ihre Faust laufen und zu Boden gehen: fühlen Sie sich nicht als

Sieger! Er steckt das nicht weg. Er wird wiederkommen
....und zwar mit Verstärking. Über die Fortsetzung der Geschichte mit Ihrem vorläufigen oder sogar entgültigen Ende denken Sie bitte sehr ernsthaft nach, bevor der Fall eintritt.

Was immer auch geschieht : der Rechtsweg ist ein überaus, ja extrem langwieriger. Auch hier sind Recht haben und Recht bekommen zwei verschiedene Paar Schuhe.
Stellen Sie sich darauf ein, daß ein **Domi immer Recht** bekommt, wenn es gegen einen Ausländer geht.

Das bestätigte mir einer meiner dominikanischen Freunde – sogar mit einer gewissen Genugtuung, gleichzeitig, aber mit einem Hilfsangebot, sollten wir jemals Beistand brauchen.
Der Domi wird 1000 Zeugen aufbieten, die Sie nie gesehen haben. Das Gericht wird denen ganz offiziell und ohne mit der Wimper zu zucken Glauben schenken.
Einigen Sie sich lieber gleich **außergerichtlich.** Es ist immer billiger, schneller, besser und nervenschonender.
Ausnahmslos immer!

Wenn Sie gegen einen anderen Ausländer gerichtlich zu Felde ziehen wollen, dann interessiert einige Anwälte nur eins: ordentlich Vorkasse abzocken, den Fall links liegen lassen und gar nichts machen.

Aber das habe ich sogar mit einem Anwalt in Deutschland erlebt.

Ich weiß, daß ich mich mit dieser Aussage schon wieder zu weit aus dem Fenster lehne. Deshalb lasse ich das hier auch ganz schnell auf sich beruhen und verweise im Ernst- und Einzelfall auf mein Beratungsangebot.

Manchmal braucht man eben doch **R**echtsanwälte und **N**otare (>>> Notare)

+++++++

Café Leche

Was hier oft ins Auge fällt: die sogenannten Cafe-Leche-Pärchen – die Milchkaffee-Beziehungen. Damit sind schwarz-weiße Partnerbeziehungen gemeint.

Es entbehrt denn auch nicht einer gewissen (Tragik?) Komik, wenn ein weißer Opa oder gar Tattergreis mit einer jungen Morena (braunes Mädchen) Hand in Hand umherspaziert.
Muß ja jeder selber wissen, was er will und was er macht... auch die Konsequenzen tragen, wenn der Verstand ausgehakt hat.

Es gibt aber durchaus auch hübsch anzusehende Paare, die gemeinsam erfolgreich einen Betrieb führen und gute Geschäfte machen, so daß man nichts verallgemeinern sollte. Aber unter Stichwort **Ehescheidung** (>>>Scheidung) werden wir noch genauer darauf eingehen.

Discos

Discos sind ebenfalls extrem laut. Sie sind aber für jung und alt !

...und Sie werden auch mit 50 und älter keineswegs als Grufti oder Fossi angepöbelt – geschweige denn rausgeekelt, wenn Sie tanzlustig und beweglich sind.

Die Söhne einer befreundeten Anwältin haben mit mir einen ganzen Abend lang getanzt – ja gaben sogar damit an vor den Gleichaltrigen. Es machte ihnen Spaß, mit der großen blonden Gringa, eine regelrechte Show abzuziehen. Alter spielt hier nicht die Rolle wie in Europa. (Blond bringt natürlich sowieso immer Punkte)

Nun muß ich aber gestehen, daß ich gern und auch recht gut lateinamerikanisch tanze – die jungen Männer diesbezüglich keine Angst haben mußten, sich mit mir zu blamieren.

Wenn Sie es noch nicht gut oder gar nicht können, besuchen Sie doch einen Tanzkurs in Sosua

www.emilywatsonschoolofdance.com

Eine bekannte und von Ausländern gern besuchte Disco ist am Ende von Cabarete. Ich war vor langer Zeit nur einmal dort. Es ist mir zu spät, denn so richtig los geht es dort erst um 23 Uhr.

Nach 22 Uhr vermeide ich das Autofahren im Dunkeln auf längeren Strecken. Unbeleuchtete Motorräder, blendender Gegenverkehr aus nicht justierten Lampen...und nüchtern ist um diese Zeit auch niemand mehr.

Durst und Dummheit

Muß man in einem Atemzug nennen...

"**Never before Sunset**" heißt eine alte tropische Regel für alkoholische Drinks – aus gutem Grund.
Alkohol im Hirn und Sonne aufs Hirn – das kann einen gefährlichen Kreislaufkollaps nach sich ziehen.

Die verführerischen tropischen Cocktails mit Rum und Früchten kaschieren den Alkohol und lassen das Getränk wie Limonade die Kehle hinunterfließen.
Bis man auf die Nase fällt.

Von **K.O.Tropfen** will ich gar nicht erst reden.
Ich denke, Sie haben längst davon schon gehört und passen auf, wenn sich braune Arme allzu anschmiegsam um Sie winden. Scheuen Sie sich nicht, zu späterer Stunde in einem Night Club aufzustehen und an der Theke selbst zu beobachten, was man Ihnen ins Glas kippt.
Am besten darauf bestehen, daß man Ihnen eine ungeöffnete Flasche Bier bringt, die Sie selbst aufmachen. Klingt übertrieben? Ist es nicht !!!

Und aufpassen:
Keinen Originalpaß mit sich führen, sondern nur eine Kopie. Keine Scheck- und Kreditkarten, sondern nur begrenztes Bargeld in Pesos. Und nur soviel, daß Sie den Verlust verschmerzen können, wenn es plötzlich weg ist.
Es wird weg sein – ganz bestimmt!

Eheprobleme

Sollten Sie nicht haben, wenn Sie zu zweit aus- und hier einwandern wollen. Besonders wenn einer der Beiden nicht so recht mag und nur widerwillig mitgeht, ist der Mißerfolg vorprogrammiert.
Sogar bei scheinbar gefestigten Paaren kamen schon ganz unerwartete Trennungen vor, weil da plötzlich so eine süße Biene dazwischen funkte. Oder eben auch ein Bienerich. Ja, auch das gibt es – und gar nicht mal soo selten.
Dunkle Latinos und Latinas sind scharf auf Ausländerinnen und Ausländer, die sie immer für immens reich halten. Ob die verheiratet sind oder solo, ist den Domis völlig egal. Reden wir unter >>>**S**cheidung weiter darüber.

+++++++

Elektrizität

Wie Sie sicher schon aus Ihrem Reiseführer entnommen haben: die Elektrizität hat hier **60 Hertz und 110 Volt.**
Haben Sie bestimmte hochwertige Küchengeräte oder Heimwerkzeuge, die Sie trotzdem nicht entbehren und benutzen wollen, dann lassen Sie sich eine oder mehrere 220 Volt-Steckdosen legen.
Das ist problemlos zu bewerkstelligen.
Gekocht wird generell mit **Gas**: billiger und immer zur Verfügung – auch bei Stromausfällen.

Nur die 60 Hz muß das Gerät verkraften, was ein Staubsauger, eine Kaffeemaschine, ein Toaster, ein Wasser-Schnellkochtopf in der Regel auch wegstecken, da nicht viel Elektronik eingebaut ist.
Aber eine Wasch- und eine Geschirrspülmaschine tun das oft nicht mehr, eben wegen der Elektronik.
Wir haben unsere wunderschöne, funkelnagelneue AEG-Maschine mit integriertem Trockner wieder nach Europa zurück verschiffen lassen. Die sprang gar nicht erst an, sondern flimmerte und tönte: Error, Error, Error...
Dumm gelaufen.
Zu beachten ist, daß normale amerikanische Waschmaschinen nicht heizen, sondern an Warmwasser angeschlossen werden müssen. Sie brauchen Warm- und Kaltzulauf. Zentrale Warmwasserversorgung gibt es hier aber nicht, sondern nur Boiler. Natürlich kann man auch in den USA Maschinen mit Heizung kaufen, aber nicht hier im Land. Sie müssen sie aus USA kommen lassen, und das ist abartig teuer.
Von Miele (und sicher inzwischen auch von anderen Anbietern) können Sie sich eine Maschine für den Export kaufen, die mit 60 Hz und 110 Volt oder auch mit 220 Volt läuft. Sehr teuer, aber gut : eine Ausgabe , die sich doch evtl. lohnt.

Alle anderen Maschinen kaufen Sie am besten hier – und gar nicht mal soo teuer. Einen beutellosen Staubsauger allerdings sollten Sie sich mitbringen, so Sie ihn überhaupt benötigen. Denn Teppichboden werden Sie hier wohl kaum verlegen, sondern höchstens mit einzelnen kleineren Teppichen Ihren Fliesenfußboden dekorieren. Staubbeutellose Staubsauger habe ich hier noch nirgends gefunden. Irgendwann gehen immer die Staubbeutel aus und lassen sich hier selten nachkaufen.

Für die häufigen Stromausfälle brauchen Sie zur Überbrückung einen **Inversor**, der Ihnen **Notstrom** aus Batterien liefert. Oder einen **Dieselgenerator**.Damit laufen dann Kühlschrank, Licht, Internet, TV, Ventilator – aber u.U. nicht die Waschmaschine, der Geschirrspüler, die AirCo.

Um Ihre Geräte vor Stromschwankungen zu schützen, brauchen Sie ein paar Überspannungsschutz-Zwischenstecker (mindestens für 2.500 Watt), die Sie am besten aus Europa mitbringen (Baumärkte OBI etc)

+++++++

Einkauf

Der Einkauf läuft recht problemlos ab: Sie bekommen hier eigentlich alles. Wenn nicht in Sosua, Cabarete und Puerto Plata , dann eben in Santiago de Los Caballeros, das 1,5 Autostunden entfernt und die zweitgrößte Stadt des Landes ist.

Die Liste, was man unbedingt alles anläßlich eines Europabesuchs einkaufen und mitbringen muß, ist schon erheblich kürzer geworden.
Sie umfaßt eigentlich nur noch persönliche Verwöhn – und Gewohnheisartikel, wenn Sie sich den Luxus gönnen wollen.

Reisen Sie nicht selber und haben auch niemanden, der bereitwillig etwas mitbringt, dann können Sie sich per Internet Ihre Wünsche erfüllen, mit Ihrer Kreditkarte bezahlen und an zwei verschiedene deutsche Transport-Adressen in Deutschland senden lassen. Die Briefe, Päckchen oder auch ausgewachsene Pakete werden wöchentlich hierher expediert. Alles, was bis Donnerstag in der Bayerischen Adresse eingetroffen ist, können Sie sich hier am Dienstag abholen.

Das kostet ein bißchen was, aber die Möglichkeit, deutsche Bücher bei www.amazon.de einkaufen und hierher schicken lassen zu können, ist doch wunderbar.
Mein Leben wäre hier ohne diese Möglichkeit nur schwer vorstellbar.
Natürlich auch Medikamente und was es sonst noch an Wichtigem geben kann.... Die Zollformalitäten werden automatisch miterledigt... einfach nur abholen!

Die Firmen sind
www.cayena.de und **www.domrep-transport.de**
Mit letzterer arbeite ich schon seit einem Jahrzehnt pannenlos und sehr zuverlässig zusammen.

Die Postanschrift ist:
DomRep –Transport – Hannes Suchy
Nußbaumstraße 3 d
85447 Maria Thalheim
Tel.: +49 8762 426 1872
Email: hanneshome@t-online.de
ab Jan.2013 diese neue Adresse

Ein Lob auf unsere pfiffigen Deutschen und Schweizer, die das hüben und drüben organisieren, muß hier einmal ganz deutlich ausgesprochen werden.
Danke an Roland Eberle und Hannes Suchy!.
Ein Deutscher macht einen solchen Service via Miami. Man kann also auf ähnliche Weise in den USA einkaufen und senden lassen. Das Büro ist 1 km in der HVB-Plaza auf auf dem Highway Sosua – Cabarete Ich kann mangels Erfahrung noch nichts dazu sagen, weil ich meine Wünsche aus USA auf privatem Wege erfüllt bekomme.
Eine dominikanische Firma ist
www.embarguebellavista.com
mit Sitz in New York und Puerto Plata.
Ich kann hierzu ebenfalls keine Wertung abgeben.

Zusammen mit einem Freund und Nachbarn habe ich eine **Wasserfilteranlage** aus den USA kommen lassen: Die Anlage arbeit seit 2003 störungsfrei und liefert zweifach gefiltertes, entkalktes und UV-desinfiziertes Wasser aus dem Hahn.
Bei der schlechten Qualität des Wassers hierzulande eine wichtige und nützliche Investition: Keine Keime, kein Rost, kein Schmutz, keine Verkalkung der Leitungen, der Waschmaschine, der Geschirrspülmaschine, keine Kalkflecken.
Nicht zu reden vom Kochen, dem Geschmack von Tee und Kaffee und der täglichen Körperpflege unter der Dusche. Kein Gallonenwasser mehr. Einfach den Hahn aufdrehen.
Super!

Näheres jederzeit gern auf Anfrage. Auch gern Besichtigung vor Ort.

Führerschein

Sie haben Ihren europäischen, Sie haben einen internationlen? OK!
Man wird Ihnen einreden, daß Sie einen dominikanischen Führerschein brauchen.
Wenn Sie aber Ihren FS in die „Reinigung" nach Flensburg geben mußten, weil Ihr Punktestand rekordverdächtige Höhen errungen hat, oder Sie sich komplett von ihm verabschieden mußten, weil Sie mit zu viel Promille in eine Mausefalle der Polizei geraten sind, dann machen Sie hier den dominikanischen FS..
Nichts leichter als das!
Wenn selbst dominikanische Analphabeten das können, dann können Sie das auch. Selbst wenn Sie nur wenig Spanisch sprechen. Es wird mit Piktogrammen im Multiple-Choice-System gearbeitet.
Ansonsten – na, ja... mündlich mehr – Sie wissen, warum!
Wie schon erwähnt: Fahren Sie immer mit Kopien und nie mit Ihren Originaldokumenten.
Farbkopien machen sich besser.

Wenn man Ihnen den FS wegnimmt, weil Sie angeblich bei rot über die Kreuzung gefahren sind, nur weil ein farbenblinder Polizist Ausländer abkassieren will, dann kriegt er eben nur die Kopie. Er wird darüber meckern, aber Sie werden ihm lächelnd erklären, daß Ihr Anwalt Sie so beraten hat wegen der Ladrones (Räuber) in diesem Land.

Sie werden trotzdem am nächsten Tag mit dem Original antanzen müssen. Aber dann nehmen Sie sich im Ernstfall Domi-Verstärkung mit - und sei es, daß Sie einen bezahlten Taxi-Fahrer dafür anheuern (statt einen teuren Anwalt)
Irgendwie ist dann ein kleines oder größeres (aushandelbares) Trinkgeld (in diesem Fall sagt man "Regalo" dazu) fällig, was am besten der Dominikaner, den Sie mitgenommen haben, für Sie klärt.

Geben Sie Ihrem Domi-Schutzgeist das Gefühl, Ihr persönlicher Bodygard in dieser Situation zu sein.
Mit stolzgeschwellter Brust wird er für Sie verhandeln.
Scheuen Sie sich auch nicht, Zeugen zu benennen, die aber etwas Spanisch sprechen sollten.
(Taktik: mit deren Waffen kämpfen)

++++++++

Firmengründung

Eine Firmengründung kann aus den verschiedensten Gründen sinnvoll sein. Immobilienbesitz läßt man gern auf eine Firma eintragen. Sie können dann schalten und walten, wie Sie wollen, auch Ihre Erbfolge nach eigenem Gusto gestalten oder eine Vermögensteilung im Scheidungsfall verhindern.

Im Inland wie in einem geeigneten Ausland können Sie auf den Namen der Firma Konten gründen, so daß diese unerwünschter Nachforschung entzogen bleiben.
Sie katapultieren damit evt. den Besitz aus dem eigenen (steuerpflichtigen) Vermögen heraus.

Beliebt ist das vor allem bei den Amerikanern, die ja überall auf der Welt Steuern an das Mutterland zahlen müssen. Auf diese Weise wollen manche Amis ihrem BIG BROTHER eine lange Nase zeigen.

Persönliche Gründe gibt es zu Hauf. Es kommt auf die individuelle Konstellation an.

Üblich war bisher die Gründung einer Sociedad Anómima oder kurz S.A. Inzwischen gibt es 3 verschiedene Typen von Gesellschaften. Die simpelste reicht in der Regel.
Ihr Notar berät Sie, denn bei und mit ihm findet das Procedere statt. Die Firma hat üblicherweise ihren offiziellen Sitz an der Adresse des Notarbüros.

Bisher lag der Preis etwa bei USD 1.200,-für eine Neugründung.

Die Gründung einer Gesellschaft ist für Ausländer unkompliziert.

Gringo

Ist ein Begriff, der im amerikanisch-mexikanischen Krieg entstanden ist und ein wenig abgefälscht dann zu "Gringo" wurde.
Die Amis sangen in Mexico immer ein Lied:
"Green grow the Lilas...".
Daraus wurde dann später Gringo... so die offizielle Version – es soll aber noch eine weniger freundliche Version geben.
Die Mexikaner nannten jedenfalls die Amerikaner seit jener Zeit so. Heute ist diese Bezeichnung in ganz Lateinamerika verbreitet. Gemeint sind in erster Linie Amerikaner, oft auch Ausländer generell.
Amerikaner bemühen sich selten, Spanisch zu lernen, so daß in diesem Zusammenhang auch mit Gringo ein Ignorant bezeichnet wird.
Dieser Begriff kann also abfällig gebraucht werden, manchmal auch nur als neutrale Feststellung oder sogar – dies eher selten – als Bewunderung.
Als Deutscher- Schweizer - Österreicher genießen Sie hier übrigens hohes Ansehen wegen (angeblicher?) Sauberkeit und Pünktlichkeit, und weil Ihr Wort etwas gilt.

+++++++

Grundbuchamt

Siehe unter Titelamt = Tribunal de Tierra

Geldwechsel

Es gibt seriöse Straßenhändler, die für ein in der Nähe liegendes Wechselbüro tätig sind. Das sollten Sie sich zeigen lassen und damit vermeiden, Blüten einzuhandeln. Und Sie sollten immer versuchen, den Wechselkurs auszuhandeln.
Ein Domi wird Sie nicht als großzügig einstufen, sondern eher als dumm oder bestenfalls als unerfahren, wenn Sie den erstgenannten Preis akzeptieren.
Cabarete und auch alle Hotel-Rezeptionen haben übrigens schlechtere Wechselkurse als in Sosua. Hier wohnen mehr Residenten, die sich nicht alles gefallen lassen wie meistens die Touristen.
Die Banken geben normalerweise ebenfalls schlechtere Kurse. Aber die
Banco Santa Cruz/ Sosua in der Calle Pedro Clisante
hat die besten Wechselkurse. Von dort beziehen auch die seriösen Straßenhändler ihre Pesos.

Im Internet können Sie die täglichen Wechselkurse der Staatsbank – **Banco Central** –ansehen:
www.bancentral.gov.do/tasas_cambio/TMC4001.PDF
Der Wechselkurs aller anderen Banken liegt natürlich etwas ungünstiger, weil die ja auch noch etwas verdienen wollen.
Aber als Anhaltspunkt ist es ganz wertvoll, diesen Link zu kennen.

Banc**a** – mit **a** am Ende ist übrigens eine Lotterie-Annahme-Stelle und keine Bank !!

Haiti

Der Nachbarstaat der Dominikanischen Republik nimmt etwa ein Drittel der Insel im Westen ein.
Haiti ist ein sehr, sehr trauriges Kapitel.
Reisende, ja selbst Botschaftsangehörige wurden schon entführt.
Das Land ist extrem arm, kahl geschlagen, deshalb bei heftigen Regenfälle heimgesucht von Erdrutschen im Wechsel mit wüstengleicher Trockenheit, befallen von allen erdenklichen Krankheiten wie hoher Aids- und Hepatitis-Rate.
Das alles hat sich noch um ein Vielfaches verstärkt seit dem heftigen Erdbeben 2010.
So gut wie nichts hat sich danach verändert. Der Wiederaufbau kommt nicht voran. Hilfsgelder kommen aus den verschiedensten Gründen nicht zum Einsatz.
Man lese selber nach und suche bei Google.

Geheimnisvoller wir auch grauenerregender Voodoo-Kult gedeiht unter solchen Bedingungen besonders gut und treibt zuweilen eigenartige wie furchteinflößende Blüten.
Die oftmals abergläubischen Dominikaner haben vor Voodoo einen Heidenrespekt. (wie übrigens auch besonders vor großen schwarzen Hunden – weshalb eben solche Hunde besonders zu empfehlen sind zur Bewachung)
Einer der seltenen Reisenden, der aus professionellen Gründen und nicht zum Vergnügen nach Haiti gefahren war, kam von dort zurück in unser Land und atmete auf:
"Ich komme aus der Hölle in den Himmel"

Haitianer versuchen immer wieder, hierher über die grüne Grenze zu fliehen. Sie verdingen sich dann zu Hungerlöhnen auf den Feldern bei der Zuckerrohr-Ernte. Eine Knochenarbeit, die die Domis nicht mehr machen wollen.
Auf dem Bau trifft man Männer aus Haiti als illegale und billige Arbeitskräfte an: sie sind in der Regel fleißig und willig, weil sie keine Rechte und deshalb auch keine andere Chance haben, um nicht abgeschoben zu werden. Ihnen unterstellte Diebstähle werden nicht selten von ihren dominikanischen Kollegen verübt, die dann gern die Schuld auf die Haitianer schieben und diese als wehrlose Sündenböcke mißbrauchen.

+++++++

Heiraten

Sie sind Single. Sie haben gehört und gesehen, wie hübsch Dominikanerinnen sind. Sie haben sich verliebt in die süßeste Morena der Welt...

1. Sie heiraten die ganze Familie mit (kaum zu glauben, wie groß die sein kann)
2. Man erwartet von Ihnen, daß Sie alle bedürftigen Familienmitglieder mit ernähren (alle sind bedürftig – alle!!)
3. Sie werden sehr schnell Vater (bzw. Mutter) vieler Kinder

4. Ihre Frau (oder Ihr Mann) wird tütenweise (ja waggonweise) für alle einkaufen
5. Ihre VisaCard wird bis zum absoluten Limit genutzt
6. Wenn diese Familie Probleme hat, erwartet man von Ihnen die Lösung der Probleme. Sie verstehen?
7. Sie werden kaum noch ein Wochenende allein sein mit Ihrer Frau (Ihrem Mann). Sie werden Besuche machen und besucht werden... bis der Arzt kommt
8. Ihre Finanzen werden sich rapide verschlechtern bis zum totalen Ruin

Alles zu schwarz gemalt? Dann fragen Sie doch mal die ehemaligen Optimisten. Ich nenne Ihnen gern einige.

Sie sind einsichtig und sagen sich: OKAY, warum heiraten? Wir leben einfach in freier Partnerschaft zusammen. Geht doch auch!

Schlau? Oh, nein!

Das gibt ein böses Erwachen. Wenn Sie nämlich 4-6 Monate zusammenleben, ist es so, als ob Sie verheiratet sind. Oder es – nach gerade erfolgter Trennung – gewesen sind.
Sie / Er darf einen ganzen Lastwagen voll laden und mitnehmen. Vollkommen legal und unter Umständen sogar unter Aufsicht einer Gerichtsperson – des Fiscals (Staatanwalt)
Sie/ Er wird mit einem riesengroßen LKW kommen und sie /er wird die wertvollsten Sachen herausholen aus der "gemeinsamen"Wohnung oder dem Haus.

Sollten Sie nachwuchsmäßig produktiv gewesen sein, kommt noch der Unterhalt für die Kinder dazu.
Gratulation!
Sie zahlen nicht? Dann haben Sie schneller ein Embargo auf Ihrem Grundbesitz und Ihr Auto ist futsch, als Sie gucken können
Siehe >>> Juristen

Ein entzückendes Persönchen hatte es sogar geschafft, ihren Gringo-Mann bei der Polizei anzuzeigen, weil er sie angeblich bedroht und geschlagen habe.

Obwohl das keineswegs glaubhaft war und auch keinerlei Spuren sichtbar waren, sperrte die Polizei ihn für 48 Stunden in den Knast.
Inzwichen räumte die Holde das Haus komplett aus, benutzte noch auf Teufel komm raus seine Kreditkarte und verschwand auf Nimmerwiedersehen.

Das war allerdings ein doch eher seltenes Bravourstück, aber hat sich tatsächlich so zugetragen.

Ich kenne Männer und Frauen, die so etwas Ähnliches hinter sich haben. Sie lassen ihre Domi-Partner(in) nur am Wochenende kommen, über Nacht bleiben und schicken sie dann konsequent wieder nach Hause.

Ich kenne auch Männer wie Frauen, die fluchtartig das Land verlassen haben, bevor der / die Geliebte eine Ausreisesperre wegen angeblich nicht erfolgter Zahlungen veranlassen konnte.

Verjährung oder so etwas gibt es hier auch nicht.
So könnte das dann wohl ein Abschied für immer von dieser schönen Insel gewesen sein.

Die Methoden der Erpressung sind wie überall auf der Welt ziemlich kriminell. Darüber verliere ich erst gar kein Wort.

Eine Deutsche war mit einem bildschönen Dominikaner verheiratet und hat einen süßen kleinen Sohn.
Der Vater aber war - und ist es wahrscheinlich immer noch – ein brotloser Künstler, während sie recht gut verdiente.
Dieser Mann hatte selbstverständlich jede Menge Affären laufen. (Muß er auch, sonst lachen ihn seine Kumpels aus!)
Als sie sich scheiden lassen wollte, bedrohte er sie, so daß sie ihn dank ihrer beruflichen Beziehungen für besagte 48 Stunden in den Knast brachte. In dieser Zeit löste sie ihre Wohnung auf und machte einen Blitzumzug in das Haus von Freunden in einem streng bewachten Resort.
Nach seiner Entlassung aus dem Gefängnis unterließ er aber keineswegs die Bedrohungen, so daß sie sich außerhalb des Resorts nur noch mit Bodygard bewegen konnte.
Die Scheidung brachte sie auch ohne ihn zustande, indem ihr Anwalt angab, er sei nicht aufzufinden. Denn die Wohnung hatte sie ja aufgegeben, so daß er tatsächlich keinen Wohnsitz mehr hatte.
Sie brachte noch einige Kundenaufträge über die Bühne

und verließ mit ihrem Sohn, der ja gottseidank einen deutschen Kinderpaß hatte, das Land.
Hätte auch schief gehen können, wenn er als legaler Vater des Kindes eine Ausreisesperre verhängt hätte.
Aus Deutschland ist sie in ein anderes Land gezogen - aus Angst, er könne eines Tages vor ihrer Tür stehen.

Für einen solchen Flug hat er aber (vorerst) kein Geld.
Dafür hätte er schon ein Weilchen sparen müssen, aber wovon?
Außerdem spart diese Art von Dominikaner nicht.

Noch eine Kostprobe gefällig?

Eine Schweizerin gab ihrem Domi-Freund den Laufpaß und schmiß ihn aus ihrem Haus hinaus. Natürlich auch wegen seiner diversen Affären. Auch dieser Macho fühlte sich in seiner Ehre gekränkt und sann auf Rache.

Als wie mit ihren Hunden zur gewohnten Zeit am Spätnachmittag spazieren ging, lauerten ihr maskierte Männer auf, zerrten sie ins Gebüsch, richteten sie übel zu und vergewaltigten sie mit erschreckender Brutalität – wohlwissend, daß die kleinen Hundchen mit eingekniffenem Schwanz Reißaus nehmen würden.
Sie wurde erst am nächsten Morgen gefunden und in ein Krankenhaus gebracht.

Diese Kostproben reichen erst einmal, um zum Nachdenken anzuregen, ob Sie sich eine solche Liaison samt Konsequenzen nicht lieber doch ersparen.

Wollen zwei europäische oder amerikanische Partner heiraten, so kann man dieses Land nur empfehlen: Hoher Romantikfaktor und unkompliziertes Recht.

Die **Scheidung** geht bei beiderseitigem Einverständnis meist schnell und ohne viel Bürokratie vor sich – es sei denn, Sie haben die Vermögensverhältnisse und deren Aufteilung nicht vorher eindeutig festgelegt und geregelt, so daß Sie – mehr als nötig – wieder einmal Rechtsanwälte bemühen müssen.

+++++++

Hauspersonal

Kostet nicht viel. Wenn nicht im Vollzeitjob dann brauchen Sie weder Versicherung zu zahlen noch irgendeine Meldung oder Anmeldung zu machen.
Sie sollten aber nur auf Empfehlung jemanden einstellen, um nicht beklaut zu werden, aber auch um unseren Vorstellungen vom Putzen möglichst nahe zu bekommen.

Ich kann an dieser Stelle nur sagen, daß meine Muchacha (Putzfrau), die nunmehr seit 11 Jahren bei mir putzt, noch nie einen Tag gefehlt hat, in der ganzen Zeit nur eine einzige (nicht wertvolle) Tasse zerschlagen hat, total loyal und grundehrlich ist, besser putzt als es je eine meiner deutschen Putzfrauen vollbracht hat.
Sie ist allerdings schon eine wirklich seltene Perle, die man nicht so leicht wieder findet.

Um Begehrlichkeiten wie Geld und Schmuck gar nicht erst zu wecken, sollten Sie solche Dinge nicht herumliegen lassen. Denn so etwas spricht sich herum.

Das Hausmädchen, das selbst nicht klaut, berichtet vielleicht schwärmerisch von diesen Schätzen.
So werden manche Ohren hellhörig und kommen auf die Idee mal "nachzusehen".

Auch von der Waffe – so Sie eine haben – sollten Angestellte nichts wissen.

Erkundigen Sie sich, welchen Lohn andere zahlen, und überbieten Sie bitte ihre Nachbarn nicht.

Lassen Sie auf keinen Fall Einheimische zur Betreuung Ihres Anwesens in Ihrem Haus wohnen, wenn Sie verreisen. Wenn die dann wilde Parties feiern, ist das noch harmlos.

Vielleicht bekommen Sie sie nie wieder raus aus dem Haus. Denn die bringen so viele Zeugen, wie Sie wollen, daß Sie ihnen das Wohnrecht auf 15 Jahre eingeräumt haben.

Nach 15 Jahren gehört diesen Leuten dann das Haus, falls Sie das noch erleben werden.

Hurricanes

finden woanders statt – hier an der Nordküste nicht.
Nein, wirklich nicht!
Wir im Norden der Insel haben allenfalls gerade mal das sogenannte Rückseitenwetter. Sturm und Platzregen – ganz normal – ohne fliegende Bäume und abgedeckte Dächer etc.
Ich bekomme immer wieder aus Florida die Nachricht von Freunden, daß sie gerade mal wieder die Fenster vernageln, weil wieder so ein Hurricane im Anmarsch ist.

Der letzte Mini-Hurricane im September 2004 ließ in unserem Garten (direkt am Meer) einige dicke Äste durch die Luft sausen, die man nicht unbedingt an den Kopf kriegen mußte.
Der Pool war voll von Zweigen, ein leichter Liegestuhl war auf Tauchstation gegangen, aber kein Auto hinter dem Haus hatte auch nur die kleinste Delle.
Die Leute blieben daheim, und in einem Tag war alles vorbei. Klar, ein paar Kabel funktionierten nicht mehr und mußten repariert werden ... normal eben, wie gesagt.

Inzwischen hatte es jede Menge Stürme und Hochwasserkatastrophen mit schwerwiegenden Folgen in Deutschland wie auch in ganz Europa gegeben, so daß ich mich nur kopfschüttelnd darüber amüsieren konnte, daß fälschlicherweise auch unsere Nordküste immer in Deutschland als gefährdet eingestuft wird.

Es ist einfach nicht wahr!

So kann ich alle aufgeregten Anrufe aus Europa nur lächelnd abwiegeln...

Übrigens ein Grund, warum ich hier lebe:
Bloß nicht jedes Jahr ein Desaster... und die tage – oder gar wochenlang zuvor eingeleiteten Vorsichtsmaßnahmen... oder allein schon die Möglichkeit, daß ein Hurricane kommen und etwas passieren k ö n n t e –
Nein, danke!

+++++++

Internet

Ist in vielen Internet-Shops möglich. Es kostet nicht viel. Sie haben meist bis 22 Uhr geöffnet.
Restaurant bieten inzwischen auch Internet Access an, wenn Sie es gemütlicher bei einem kühlen Drink oder einem Snack mögen: eigener Laptop vorausgesetzt.

Ob und wie Sie sich später in Ihren eigenen vier Wänden ausrüsten, hängt von Ihrem persönlichen Bedarf und von Ihrem Standort ab. Wenn Sie Kabel – TV haben, können Sie über dieses Kabel auch Internet installieren lassen. Die hiesige Telefongesellschaft CLARO bietet ebenfalls Internet-Telefon-Kombinationen an.
Von **ORANGE** können Sie wie auch bei **CLARO** einen **USB- Stick** kaufen und via Internet auch aufladen.

Handy – spanisch **Celular** – englisch **Cellphone**
brauchen Sie ziemlich schnell: Marktführer hier sind

CLARO und **ORANGE**

Es kommt auf Ihren Standort statt, welche Wahl Sie treffen, damit Sie auch Netzverbindung haben und nicht in einem Funkloch sitzen.

Beide Anbieter haben Shops in Sosua und Cabarete – in Puerto Plata und Santiago sowieso.
Sie können einen Vertrag mit monatlicher Rechnung abschließen, oder aber mit vorbezahlten Rubbel-Karten arbeiten.
Im Supermarkt gib es neuerdings einen Automaten, mit dem Ihr Handy in 1,5 Minuten aufgeladen ist:
Meine favorisierte Methode.

+++++++

Immobilien

Ihr Traum vom eigenen Haus kann hier schneller Wirklichkeit werden als in Europa. Baugenehmigungen brauchen in der Regel nicht lange – wenn erstmal der Titel des Anwesens auf Sie umgeschrieben ist.

El Titulo (Titel) heißt hier der **Grundbuchauszug**.

Sie haben fast unbegrenzte Möglichkeiten.
Sie können viereckig – achteckig – rund bauen, mit welcher Dachform auch immer.
Solange Sie nicht höher als 2 (manchmal auch 3) Stockwerke bauen, dürfen Sie fast alles machen, auch

Ihr Haus lila oder giftgrün mit roten Streifen und Punkten anstreichen, wenn Sie möchten.
Auch Ihr Nachbar kann Ihnen das nicht verbieten oder etwa Einspruch dagegen erheben.

Als Abstand zu den Nachbargrundstücken ist nur 1 Meter (ich wiederhole: ein Meter) vorgeschrieben.
Das kann - je nach örtlichen Gegebenheiten - ein Vorteil, aber auch sehr ärgerlich sein. Das sollten Sie auch für einen evt. später bauenden Nachbarn ins Kalkül ziehen, um vor unliebsamen Überraschungen sicher zu sein.
Auch ein wunderschöner Blick auf den Ozean kann plötzlich durch einen Neubau auf dem Nachbargelände auf Nimmerwiedersehen verschwinden.

Sollten Sie extrem exotische Bauwünsche verwirklichen wollen, dann tun Sie, was Sie nicht lassen können.
...aber dann denken Sie auch daran, daß Sie sich später beim Wiederverkauf ziemlich schwer tun werden, wenn Sie die allgemeim üblichen Vorstellungen von einem attraktiven Wohnsitz allzu sehr ignoriert und beiseite gelassen haben sollten.
Trotzdem ist es schon eine wunderbare Voraussetzung, daß Sie nicht Hundertwasser, Salvador Dali oder Picasso heißen müssen, um Ihrer Kreativität freien Lauf lassen zu können.
Die fantasievolle Vielfalt, die Sie hier wahrnehmen, ist erfrischend und deshalb absolut zu begrüßen.
In Richtung Samaná im Osten des Landes hat sich ein Inder einen kleinen farbenprächtigen Palast à la

Taj Mahal gebaut: märchenhaft schön anzusehen. Versuchen Sie so etwas doch mal in Deutschland zu beantragen. Smile... Kriegen Sie selbstverständlich bewilligt, wenn Sie die Genehmigung für einen Erlebnispark schon haben sollten.

Sie können aber auch ein fertig gebautes Haus kaufen – mit allem Drum und Dran und inklusive aller Möbel. Auch eine gute Auswahl an möblierten Häusern für den Erstbezug steht zur Verfügung. Die Häuser werden selten leer verkauft, sondern meist mehr oder weniger komplett eingerichtet.
Sie können dann in aller Ruhe und je nach Budget nach und nach etwas verändern, verschönern, individualisieren. Diese Variante ist auf jeden Fall eine Überlegung wert. Sie spart Zeit, in der Sie leben anstatt zu arbeiten.

Meine Wohnung war auch vollmöbliert, aber etwas primitiv eingerichtet – für Feriengäste eben.
Aber ich hatte gleich in der ersten Nacht ein Bett, einen Fernseher, ein Sofa, einen Sessel, einen Kühlschrank etc. Ich war erst einmal happy. Dann ging´s so nach und nach auf Einkaufstour – ohne Zeitdruck und vollkommen entspannt.
Ein wunderschönes Einrichtungshaus hat **Hidelisa** inzwischen in Puerto Plata auf der Hauptstraße nach Santo Domingo eröffnet.In einer Seitenstraße befindet sich schon seit langer Zeit ein Stoffgeschäft dieser Firma mit besonders viel Auswahl an Polster- und Gardinenstoffen.
Seit kurzem gibt es in Santo Domingo **IKEA**. Bestellungen und Lieferungen nach dem jeweils aktuellen Katalog, der jährlich neu erscheint.

Sie brauchen natürlich Eigenkapital, um Ihr Haus zu finanzieren. Und Sie brauchen sicherlich Kredit.
Aber nicht von einer der hiesigen Banken!
Bei 30-35% Kreditzinsen hört der Spaß doch wirklich auf.
Es gibt aber die Eigentümer-Finanzierung. Völlig legal und vertraglich mit einer Notarsbeurkundung abzusichern... und Sie müssen weder Bonitäts- noch sonstige Nachweise erbringen:
Sie zahlen 40 – 60% an - je nachdem wie Sie sich einigen. Der Rest wird vom Eigentümer finanziert.
Und das geht so:
Zins und Tilgung wird vertraglich festgelegt. Die Laufzeit wird allerdings selten 3 Jahre übersteigen. Sie müssen vorher wissen, ob Sie sich das leisten können und wollen.
Warum sich ein Eigentümer das antut? Weil Sie pünktlich zahlen werden. Denn wenn Sie 3 Monate in Rückstand geraten, haben Sie alles verloren: Alle bis dahin geleisteten Zahlungen wie auch Ihre Anzahlung sind futsch, das Eigentum geht an den Verkäufer zurück.
Hart aber fair.
Der Vorteil ist, daß keiner etwas wissen will: was, wieviel, woher, warum, wie verdient, geerbt, versteuert... außer die Eingangsbestätigung Ihrer Zahlungen.
Sehr einfach!
Für Häusle-Bauer:
Wie weit Sie erhebliche Eigenleistungen erbringen können, ist eine Frage für sich. Denken Sie daran, daß Sie nicht immer die gewohnten Materialien kaufen können, daß Wasser – und Elektrizitätssysteme anders sind... und last but not least: >>>

Sie sind es nicht gewöhnt, körperlich hart zu arbeiten unter diesen klimatischen Bedingungen.
Was nützt Ihnen Ihr schönstes Haus, wenn Sie krank werden?
Festpreise sollten Sie selbstverständlich, wann immer möglich, zuvor aushandeln. Vorschüsse sollten so niedrig wie möglich sein und nur von Fall zu Fall für den Materialbedarf und für die Löhne gezahlt werden.

Wichtig ist:
Auch wenn Sie ein noch so unkomplizierter Naturmensch sind: Sie können nicht mitten in der Wildnis ohne Nachbarn weit und breit leben, auch nicht mit Schußwaffen, Schutzhunden, einer 4 m hohen Mauer und Videoüberwachung.
Sicherheit ist das oberste Gebot – auch wenn der Baugrund in der Einsamkeit für Sie als gestresster Mensch noch so ideal und noch so attraktiv erscheint, weil Sie endlich Ruhe und nichts als Ruhe haben wollen.
　　　Überlegen Sie sich auch sehr genau, ob Sie einer (zu) großen Finca körperlich gewachsen sind – und es in der näheren oder ferneren Zukunft auch noch sein werden.
Was ist, wenn Sie es gesundheitlich plötzlich nicht mehr packen? Wenn Sie kein oder nicht ausreichend Personal bekommen, weil zu weit weg und zu abgelegen? Was ist, wenn Sie nicht verkaufen können, weil außer Ihnen keiner Ihre Finca attraktiv genug findet, um sie zu erstehen?
Wir werden alle nicht jünger – das haben einige Hobbyfarmer hier leise weinend eingestehen müssen, als ihnen

das tägliche Leben mit seinen Beschwerlichkeiten über den Kopf wuchs. Plötzlich schmeckt dann das Frühstücks-Ei von den eigenen Hühnern nur noch halb so gut. Beispiele der Reue solcher Idealisten kann ich Ihnen in reicher Anzahl nennen.
Außerdem gibt es Grundbesitzer, bei denen so oft eingebrochen wurde, daß Sie ihr Haus nicht mehr allein lassen wollen. Klar, daß sie nirgends mehr am Abend bei kleinen oder größeren Festivitäten zu sehen sind. Reisen können sie gar nicht mehr, denn ... der Garten, die Hunde, der Pool, dies und das... und die Einbruchgefahr!!
Gefangene auf dem eigenen Grund?
Alle Fenster vergittert?
Wie ein Affe im Käfig?
Gesiebte Luft mit Eisenstreifen?
Sind Sie dazu in die Karibik gegangen? Aber hallo ! !!

Wie wäre es denn stattdessen mit einem großen Apartment (sprich **ETW** – in USA und hier **Condo** genannt) ? Oder auch mit einem Penthouse mit Panorama-Blick auf den Atlantik? ... mit 50 bis zu 300 qm Wohnfläche... und mehr?
Sie drehen den Schlüssel um und fliegen mal eben 2 Stunden nach Miami oder 3,5 Std. nch New York...
einfach so...
Ich habe in Europa immer in einem Haus gewohnt und hätte mir nie etwas anderes vorstellen können.
Aber hier habe ich ein Condo auf jeden Fall bevorzugt: mit schönstem Meerblick.

Das ist aber – wie gesagt - Ansichtssache !

Ich genieße den Service und meine Unabhängigkeit. Schon mancher meiner Freunde hat beim Anblick meines Refugiums so nebenbei bemerkt:
"Wenn ich noch einmal die Wahl hätte, ja dann..."

Bei einigen ist es nicht beim "Hätte ich doch nur..." geblieben: Sie haben es wahr gemacht und genießen in vollen Zügen, die Entscheidung getroffen zu haben, nachdem sie ihr Haus gut verkaufen konnten.
Noch ein Vorzug:
Ich lebe mit einem sehr hohen Sicherheitsstandard: mit bewaffneten Nachtwächtern und elektronischen Tor, ganztägig Personal sowieso, das mir unter anderem meine schweren Einkaufstaschen in den 1.Stock trägt, den Müll entsorgt, mein Auto wäscht... ja sogar in ihrer Freizeit kommen sie gern zum Wändemalen für einen kleinen Nebenverdienst. Zu ihrem Job gehört die Garten- und Poolpflege, um dessen glasklares Wasser ich mich nicht kümmern muß.
Manche meiner Freunde haben schöne Häuser und Gärten, aber ich beneide sie nicht, wenn ich sie mit hochrotem Kopf – trotz Personal - darin wurschteln sehe ... und das bei diesen Temperaturen!
... und noch etwas:
Nicht ein einziges meiner Fenster ist vergittert!!

Fazit:
Sie sollten erst einmal zur Miete wohnen und sich ausgiebig umsehen und beraten lassen. Sie sollten Ihre eigenen Bedürfnisse sorgfältig abstecken, bevor Sie zum Notar gehen und einen Kaufvertrag unterzeichnen.

Was Sie alles falsch oder auch von Vornherein sehr viel besser machen können (>>> **Notare**)

Kaufen Sie ein unübersichtliches Gelände – auch als Geldanlage – müssen Sie immer auf einer sogenannten **DESLINDE** (amtliche Vermessung) bestehen. Vertrauen Sie auf keinen Fall den Angaben auf dem Titel (Grundbuchblatt), denn die müssen durchaus nicht stimmen. Die Deslinde dauert eine halbe Ewigkeit, aber Sie können für einen doch schon recht genauen Eindruck zwei verschiedene Vermesser anheuern, die für einen akzeptablen Preis sehr kurzfristig ein elektronisches Aufmaß anfertigen.

Eine Adresse ist neuerdings:
mensura_total@hotmail.com - Tel: +1 829 521 4279
Ich habe aber keine persönlichen Erfahrungen mit dieser Adresse.

Immobilienfirmen, Bauträger und Makler gibt es in großer Zahl.

Die Liste ist lang – ich kenne viele – und irgendeiner ist sicher dabei, den ich vergessen würde und der dann böse mit mir ist... also laß ich es, antworte aber auf Anfragen durchaus gern.

Einen hervorragenden **Mietvermittlungs-Service** will ich dennoch erwähnen:

SosuaRentalService von Dirc Weber
Shop in Sosua gegenüber der Plaza Colonial (Orange)
+1 809 571 4319 und Handy: +1 829 708 1212
Email: <u>office@sosuarentalservice.com</u>

Damit Sie im Bedarfsfall schnell und gut untergebracht werden können

... und schauen Sie doch einfach mal auf die Website:
www.dominican-invest.com:
und klicken Sie das **YouTube-Video** an.
Vielleicht ist das ja etwas für Sie?

+++++++

Juristen

studieren hierzulande an der Uni zwei Jahre lang, etwa 2-3-mal die Woche.
Zum Vergleich:
In Deutschland braucht man 6 Jahre Grundausbildung – 1.Staatsexamen – 2. Staatsexamen.
Danach erst ist man "Volljurist."
Weil die Dominikaner so viel schneller lernen, so viel klüger sind, das Recht hier soviel einfacher und unkomplizierter ist?
Von wegen!!!-
Anwälte und Notare übernehmen keinerlei Verantwortung für ihr Tun.:
d.h. sie haften nicht, auch nicht bei einer nachweislichern Fehlberatung mit folgenschwerem Fehler.
Sollte Ihnen das jemand einreden wollen, glauben Sie ihm bitte nicht!
Sie können - noch dazu als Ausländer – nicht gegen einen dominikanischen Juristen vorgehen.
Vergessen Sie es!
Deshalb müssen Sie immer und ausnahmslos alles nachprüfen – und zwar, bevor Sie etwas unterschreiben.

Es gibt hier natürlich gerichtlich anerkannte und vereidigte Übersetzer(innen). Sie sollten sich die akzeptablen Stundensätze leisten, um nichts falsch zu machen, auch wenn Sie meinen, alles verstanden zu haben, was in dem spanischen Papier steht.

Eine deutsche Anwältin mit dominikanischer Zulassung in Sosua , die ich kenne und der man vertrauen kann, ist:

Lic. Eva Lisa Ewert
www.lisalegalsolutions.com
Tel: +1 809 571 4110
Handy: +1 809 608 4110

Wichtig zu wissen:

Sehr beliebt ist es in letzter Zeit bei Anwälten, auch wegen geringer Forderungen, einen Besitz mit einem Embargo zu belegen.

Auch wenn es sich nur um ein paar Dollar handelt, die ein Gläubiger (angeblich ?) zu bekommen hat, kann so ein Embargo relativ schnell zu einer Zwangsversteigerung führen, über deren Termin Sie nicht benachrichtigt werden, sondern der nur in einer der landesweit erscheinenden Zeitung veröffentlicht wird. Herauszufinden, wann und in welcher, bleibt Ihnen selbst überlassen.

Über die bevorstehende Eintragung eines solchen Embargos ins Grundbuch informiert Sie ein offizieller Brief, den ein Gerichtsdiener - der sogenannte **ALGUASIL** - überbringt.

Sehr befremdlich:

Der Brief kommt offen, ohne Umschlag. Wenn der Betreffende nicht zu Hause ist, wird er den Nachbarn ausgehändigt, ob die nun Vollmacht haben oder nicht...

und ob die das etwas angeht oder nicht.
Brief- und Bankgeheimnisse existieren de facto nicht.
Kommt es tatsächlich zur Versteigerung, kassieren die Anwälte ohne mit der Wimper zu zucken ein Drittel des Erlöses. Dazu kann ich Ihnen zwei haarsträubende Geschichten erzählen. In diesem Fall aber wirklich nur mündlich...

Klima und Kleidung

Kleidung ist hier günstig zu kaufen. Ob sie immer Ihrem Geschmack entspricht, sei dahin gestellt. Es gibt aber Boutiquen, die von Ausländern geführt werden oder sich auf Ausländerwünsche eingestellt haben.
Aber Sie brauchen ja auch außer Ihren Badesachen nur Jeans, Bermudas, Shirts, Sandalen ... und die Damen mal ein hübsches Sommerfähnchen.
Schließlich leben wir hier in den Tropen.
Sie werden selten eine Krawatte sehen, außer womöglich bei Bankangestellten oder bei Rechtsanwälten und Notaren.
Schuhe sind auch günstig. Sie kommen meist aus Brasilien oder China. Das läßt sicher schuh-fetischistische Damen aufhorchen.
Sollten die Herren geschlossene Schuhe tragen, dann aber bitte spiegelblank! Schuhputzjungen werden das für Sie für ein paar Pesos schnellstens erledigen.
Badeanzüge, Bikinis, Tankinis, die hier angeboten werden, sind nicht das Gelbe vom Ei, wie ich finde.
Bringen Sie sich Ihre bevorzugten **Badesachen** daher

in ausreichender Menge und in guter Qualität aus Europa mit. Salz- und auch Chlorwasser greifen das Gewebe an. Von der **Regenzeit** wird viel geredet, aber eindeutige Regeln hat noch keiner erklären können. Wir haben einen seidig-blauen und lauen November erlebt, wie man ihn schöner gar nicht erträumen kann – aber ein anderes Mal auch gewittrig, naß, ungemütlich, schmuddelig grau in grau. Die kühlsten Nachtemperaturen im Winter liegen bei 20°C an der Küste. Es gibt regenreiche Sommer, sonnige Winter. Empfindlich kühl wird es jedoch nur in den Bergen.

Constanza liegt 1200 m hoch. Da waren im Winter auch schon mal die Pfützen gefroren und Wasserflaschen geplatzt. Daß das aber eher selten ist, sieht man schon daran, daß es großartig in der Zeitung erwähnt wurde

Menschen, die kühleres Wetter vorziehen, können höher hinauf in die Cordilleren gehen und dort den fantastischen Rundblick auf Berge und Atlantik genießen. Aber eine Urbanisation nach unseren Vorstellungen werden Sie dort kaum finden.

An der Küste ist das ganze Jahr Badewetter. Der Regen und besonders das tropische Gewitter, sind ja durchaus etwas Schönes und herrlich anzuschauen. Für Touristen allerdings, die im langweiligen Hotelzimmer auf besseres Ausflugswetter warten, ist das weniger attraktiv – zugegeben.

Da die Temperaturen meist schweißtreibend sind, ist **Baumwollkleidung** der Vorzug zu geben – mit höchstens 10% Kunstfasern, damit weitgehend bügelfrei.

Oft kommen Sie von draußen leicht bekleidet und etwas

transpirierend in unterkühlte Räume, um sich schnell einen Schnupfen einzufangen. Für solche Fälle empfiehlt es sich, etwas zum Überstreifen dabei zu haben.
Erkältung ist auch die häufigste Erkrankung hierzulande.
Sitzen Sie am Abend in einem Restauranat im Freien, nehmen Sie vorsichtshalber bitte ein Mückenspray mit, damit Sie den Abend ungestört genießen können. Vielleicht brauchen Sie es dann ja doch nicht, aber besser ist besser.
Daß Sie nicht im typischen Touri-Look auftreten sollten, habe ich ja schon vorsichtig empfohlen und leise angemahnt.

+++++++

Krankheiten

Sie sollten die aktuell empfohlenen Schutzimpfungen durchführen lassen, dennoch nicht übertreiben. Evtl. im Tropeninstitut in Hamburg nachfragen.
Malaria-Fälle haben wir hier im Norden nicht. Auch das sehr gefährliche Dengue-Fieber ist eigentlich nur in Sumpfgebieten weiter südlich und sehr sporadisch anzutreffen.
Sie sollten sich aber in jedem Fall vor Insektenstichen jeglicher Art schützen, die im Wiederholungsfall schon mal anhaltende Allergien auslösen können. Es gibt geeignete Mittel hier zu kaufen: für Ihre Haut wie auch als Raumspray. Sogar biologisch verträgliche Produkte.
Sind Sie Allergiker(in), dann lassen Sie sich von Ihrem

deutschen bzw. europäischen Hausarzt mit entsprechenden Medikamenten versorgen.

HIV und Hepatits sind weit verbreitet. Daher ist Vorsicht geboten. Unsaubere Restaurants oder Straßen-Imbiß sollten Sie besser nicht ausprobieren.
Geschlechtsverkehr sollten Sie unbedingt und ausnahmslos nur geschützt zulassen.

Ausgesprochen wohl fühlen sich in diesem Klima alle Rheumatiker, denen Kälte immer wieder Schmerzin in den Gelenken beschert, und denen deshalb die Wärme hier mit den geringen Temperaturschwankungen richtig gut tut.
Für die gegen alle möglichen Pollen empfindlichen Allergiker sieht es schon etwas schlechter aus. Hier blüht immer irgendetwas, was alle anderen Menschen natürlich sehr erfreut.
Aber am Strand die salzige Luft in tiefen Atemzügen ventilieren lassen,hat schon manchem spontan geholfen.

Unter **Ärzte** (>>>) habe ich Ihnen schon Empfehlungen gegeben und auch die Standards der hiesigen Kliniken beschrieben.

Eiswürfel in den Drinks, die in gepflegten Restaurants oder Bars serviert werden, sind meist fertig aus Trinkwasser angeliefert und können daher inzwischen fast überall bedenkenlos konsumiert werden.Sie erkennen sie an der zylindrischen Form mit einem Loch in der Mitte.

Ob man allerdings überall die Salate mir Trinkwasser aus Gallonen wäscht, wage ich zu bezweifeln.
Seien Sie daher lieber vorsichtig.

Mit Strohhalm trinken ist immer besser, als auf den hygienisch sauberen Glasrand zu vertrauen.
Bier aus Flaschen in einem Restaurant zu trinken, gilt hier nicht als unangemessen – auch für Damen nicht.

Die Hygiene der Toiletten läßt oft zu wünschen übrig. Deshalb besondere Vorsicht. Gut die Hände waschen und am besten ein kleines Fläschchen mit Desinfektionsmittel dabei haben, was es an jeder Kasse im Supermarkt zu kaufen gibt und in jede Handtasche paßt.

Hat Sie dennoch Montezumas Rache erwischt – gemeint ist Durchfall mit und ohne Erbrechen :
Fasten, ein Elektrolyt-Ergänzungsmittel aus der Apotheke (Farmacia) und sehr viel trinken (Wasser und Tee – keinen Kaffee).

Halten Sie das 3 Tage durch, bis alles raus ist, und legen Sie sich in den Liegestuhl, aber nur in den Schatten.

Wenn das alles nichts genützt hat, dann fahren Sie nach Cabarete zu **SERVI-MED** oder nach Sosua in die **CMC-Klinik** (siehe unter Ärzte)

Kriminalität

Eingangs sei gleich einmal festgestellt, daß die Kriminalität auf der ganzen Welt drastisch zugenommen hat.
Ich habe einen Einbruch bei Freunden in einem vornehmen Berliner Villenviertel am helllichten Tage erlebt, dessen Raffinesse selbst die Polizei sprachlos machte.
Zu einer solchen Raffinesse fehlt den hiesigen Einbrechern allerdings meist das raffinierte Handwerkzeug. Es sind eher Leute aus der armen Bevölkerung, die meinen, daß alle Ausländer endlos reich sind. Multimillionäre, bei denen man sich ruhig ein bißchen bedienen kann. Besonders vor Weihnachten und Ostern werden sie besonders aktiv.
Daß die bewaffneten Überfälle zugenommen haben, liegt daran, daß mit Waffen ausgestattete Hausbesitzer sich diese Waffen oft stehlen lassen oder daß sie sie unter Bedrohung herausrücken. Die Polizei ist indessen schon etwas besser geworden und macht solche Einbrecher immer häufiger dingfest. Besser man beugt vor.

Ob Sie sich als Hausbesitzer bewaffnen sollten, oder ob Pfefferspray und Schreckschuß-Pistolen ausreichend sind, das muß jeder selbst für sich entscheiden.
Waffen und Waffenschein bekommen Sie in Santo Domingo. Ausführliches unter >>> **W**affen
Führen Sie niemals eine unregistrierte Waffe oder ohne Erlaubnisschein mich sich!
Ein europäischer Waffenbesitzer wurde unschuldig ins Gefängnis gesperrt, weil man ihm einen Mord an einem

Dominikanischen Rechtsanwalt anlasten wollte.
Daß er den Ermordeten überhaupt nicht persönlich kannte, daß er außerdem ein Alibi hatte, da er nachweislich zur fraglichen Zeit in einem weit vom Tatort entfernten Restaurant mit Freunden zu Abend gegessen hatte, daß er nicht nur kein Motiv, sondern auch keine Schmauchspuren an seiner Waffe und an seinen Händen hatte, interessierte zunächst einmal niemanden bei der Polizei ernsthaft.Die war wohl erst einmal froh, jemanden dingfest zu machen – egal wie.
Nach ein paar Tagen ließ man ihn nach Zahlung einer hohen Kaution frei, nahm ihm aber den Paß ab und verhängte ein Ausreiseverbot. Eine geplante und gebuchte Reise konnte er erst einmal vergessen, bis man nach einer ziemlich langen Wartezeit die Beschuldigung fallen ließ.

Ein Hauseigentümer ist übrigens im Recht, wenn er mit einer Waffe einen Einbrecher – so sich dieser auf seinem Grund und Boden befindet – niederschießt und dieser zu Tode kommt. Es wird einiges zu zahlen sein – was gibt es schon umsonst!?
Wenn der Einbrecher nur angeschossesn ist, könnte eine lebenslange Rente zu zahlen sein, wenn er nicht mehr arbeitsfähig ist – und er wird nie wieder arbeitsfähig sein, darauf können Sie Gift nehmen.
Was folgt daraus?
Die makabre Antwort geben Sie sich bitte selbst.
Wohnte ich in einem Haus – anstatt in meinem wunderschönen, sicheren Condo – würde ich mich in Europa bei der Polizei beraten lassen und das Internet

durchforsten, um entsprechendes Equipment hierher zu bringen. Eine batteriegespeiste Armanlage mit imitiertem Schäferhundgebell zum Beispiel? Dürfte allerdings natürlich niemand anderes wissen.

Immerhin werden wir hier nicht von rivalisierenden Banden terrorisiert, die im wahrsten Sinne des Wortes ihre mörderischen Mafiakonflikte austragen. Von Schutzgelderpressungen, Rassenkonflikten, Ausländerfeindlichkeit mit deren verheerenden Folgen von Brandstiftung, Mord und Totschlag habe ich jedenfalls noch nichts vernommen. Die Szene der Drogenmafia und – Dealer allerdings ausgenommen.

Das alles gibt es in Deutschland , ja in ganz Europa und Amerika fast jeden Tag zu hören und zu lesen.

Wovor sich also fürchten?

Bei Überfällen sind nicht nur Ausländer die Opfer. Manche Dominikaner sind schlimmer dran, da sie sich nicht in dem Maße schützen und zur Wehr setzen können. Einer meiner Handwerker zeigte mir die Narbe einer Schußwunde am Bauch. Man hatte ihn angeschossen, um ihm seine Bohrmaschine zu klauen. Er lag fast ein halbes Jahr im Krankenhaus und konnte froh sein, überlebt zu haben.

Ein Motochoncho-Fahrer, der lange auf sein Fahrzeug gespart hatte, um professionell als Kleintaxi-Fahrer seine Brötchen zu verdienen, fuhr einen Landsmann auf dessen Order abends gegen 20 Uhr (also schon im Dunkeln) außerhalb des Ortes zur Kirche. Hinter der Mauer lauerte ein Komplice seines Fahrgastes.

Beide überwältigten ihn und klauten ihm sein Fahrzeug. Er ist ein kräftiger junger Mann und wehrte sich heftig, weswegen die Räuber samt Fahrzeug schnellstens flohen und ihm nicht auch noch seine Lizenz und sein Geld aus der Hosentasche ziehen konnten.

Zurück zu den **GRINGOS**:
Natürlich können Sie in entsprechendem Milieu (Drogen, Prostitution, Pädophilie) unter die Räder kommen und im Ernstfall auch ermordet und irgendwo in der Wildnis unauffindbar entsorgt werden. Muß man aber denn in diesen Kreisen verkehren, wo unter anderen auch günstige Auftragskiller unterwegs sind?

Als ganz "normaler" Bürger treffen Sie eben Ihre ganz normalen Vorkehrungen, um dann festzustellen, daß Sie sich nicht zu fürchten brauchen, weil Sie entsprechend umsichtig vorgesorgt haben.

Also vergessen Sie die RTL-Berichte, die vor Jahr und Tag über den TV-Schirm flimmerten, und deren Hintergründe nicht nur schlampig recherchiert waren, sondern auch bewußt auf Sensationsmache hochstilisiert wurden.

Dieses Land ist wunderschön, und Sie leben hier leicht und unbeschwert, wenn Sie sich nicht selbst im Wege stehen, wenn Sie nicht Unwesentliches zu wichtig nehmen und eben – wie schon erwähnt – einen Gang runterschalten.

Den besten Beweis, daß Sie hier ein hohes Alter erreichen können, zeigt uns der als junger Mann eingewanderte Louis Hess, der im Herbst 2008 seinen

100. Geburststag gefeiert hat ... und mit 102 Jahren gestorben ist.

Das Schöne ist ja gerade, daß nicht alles so furchtbar stinknormal ist, sondern daß hie und da etwas anders läuft und die Kreativität in Schwung hält.
Und genau da können Sie als pfiffiger Europäer ihre Marktlücke entdecken und einen erfolgreichen Job machen.

Öfter mal "Na, und ?" sagen!
Also Gelassenheit lernen, falls sie noch – wie in Deutschland so oft – unterentwickelt sein sollte.

+++++++

Landsleute

Es gibt solche und solche – wie überall auf der Welt.
Daß ein Europäer versucht, einem Landsmann Schrott zu verkaufen, egal ob Auto oder Immobilie, ist leider auch hier Realität. Sie müssen schon selber hinschauen und sich die eigenen Landsleute ein bißchen näher ansehen.

Als begeisterter Geländefahrer können Sie mit einem eigenen Offroad-Fahrzeug (Range Rover, Wrangler, Toyota etc.) Mitglied werden bei den **Offroad-Pirates**, die sich wöchentlich in Sosua treffen und fast jeden Monat wilde Fahrten im bergigen Gelände über Stock und Stein und durch die Flüsse unternehmen.
Ich war hin wieder "Co-Pilotin" und genoß die unberührte

und unwegsame Landschaft besonders dort, wohin sich kein normales Auto verirren kann.

Insgesamt sollen mehr als 20.000 Deutsche entlang der Nordküste leben.

Die **Deutsche Botschaft** befindet sich in der Hauptstadt Santo Domingo.
Calle Gustavo Mejía Ricart Nr.196
(esq. Av.Abraham Lincoln)
www.santo-domingo.diplo.de
Tel: +1 809 542 8949 /50
Der Notfallruf außerhalb der Dienstzeiten:
+1 809 543 5650

Das deutsche Konsulat in Puerto Plata existiert seit geraumer Zeit nicht mehr, nachdem der damalige Honorarkonsul dominikanischer Nationalität wegen eines bösen Vorfalls "zurückgetreten wurde". Wir hoffen immernoch, daß doch noch mal ein Konsulat eingerichtet wird und wir nicht wegen jeder Kleinigkeit nach Santo Domingo fahren müssen. Immerhin haben wir in Cabarete 3 x im Jahr jeweils 1 ½ Tage lang **Konsulartage,** die auf dem deutschen Kanal 146 im TV angekündigt werden.

Deutschsprachige Geschäfte in Sosua:
Deutscher **Bäcker Moser** – ein beliebter Frühstückstreff
Deutsche **Metzgerei Carneceria Bavaria**
Deutscher TV-Kan.146 mit Werbung ansässiger Firmen

Copicentro Sosua: PC-Verkauf, Reparatur, Zubehör, Laminierung, Kopien aller Größen, Bürobedarf +1 809 571 1424
Deutsche **Friseurmeister** :
Andreas in Sosua – 809 5712592
Calle Pedro Clisante 2
Susanna in Sosua - Mulatta II
Las Cañas:+1 829 632 9706
Deutsches Magazin–auch in engl. Ausgabe (kostenlos)
LA PLAYA Anzeigen aller Art
+1 829 373 1218
www.laplaya-dominicana.com

Deutsches **Reisebüro** in Sosua: **TAKE OFF**
Norbert Strzoda: PC-Programmierung,PC-Unterricht, engl / deutscher Sprachunterricht für Dominikaner
Benno Gabbey: PC-Problem-Lösungen aller Art - Kommt auch ins Haus +1 829 324 7634

RESTAURANTS in reichlicher Auswahl in Sosua, u.a.>>

Baileys Calle Alejo Martinez - und gleich gegenüber
El Conde. Ecke Calle Dr.Rosen +1 829779 3033
Wolfgangs Schnitzelhaus Calle Pedro Clisante
Charley´s Bar Calle Pedro Clisante neben Scotia Bank:
Beliebter Treff für Fußball, Formel 1-TV.u.a.
Germania:Essen auf Rädern - Calle Pedro Clisante 134
auch Sportübertragungen seit neuestem
Hotel-Restaurant El Rancho: Calle sin Salida
Restaurant Waterfront: am Ende der Calle sin Salida direkt am Meer. Zauberhaftes karibisches Ambiente

Hotel Casa Marina: Strandhotel (allincl)
Hotel Sosua by the Sea: seitlich vom hinteren Eingang
des Hotels Casa Marina Beach

Geheimtipps:
zwischen Sosua und Cabarete in der PERLA MARINA
2 Boutique-Hotels –klein aber fein:
Natura Cabañas
Secret Garden
   Ein deutsches Hotel in *Cabarete*
ist sehr zu empfehlen
   Villa Taina– www.villataina.com –
  kein All-Incl.-Hotel direkt am Strand –
   sehr gute Bewertungen !
Achtung: suchen Sie sich nicht ein kleines Billighotel im Internet aus! Sie könnten in einer Nutten-Absteige landen!

Die **deutsche Schreinerei** am Ausgang von Sosua Richtung Cabarete
   Otto und Yvonne Middeldorff
macht zauberhafte Möbel nach Ihren Angaben im karibischen Stil: geflochten aus Naturmaterialien, aus edlen Hölzern, Rattan, Mimbre,etc.

Die **deutsche Versicherungsagentur** - seit 3 Jahrzehnten ansässig - ist unverändert sehr erfolgreich und bietet sogar deutsche Versicherungen an wie Allianz etc.
   Franz Scheichl
  Examinierter Versicherungs-Broker
  Plaza Colonial . oben auf der Galerie
   Tel: +1 809 571 3360

Ein Geheimtip für Ihren Kaffeetisch in Cabarete :
Bertram Stolz - +1 809 884 7876
Er macht sehr leckere Torten – genau wie wir sie mögen

**Metallbau Wolfgang -
+1 809 862 9055 in Los Castillos**
(hinter Sosua abajo):Tore,Türen,Fenster etc.

Das ist keine vollständige Aufzählung und nur so aus dem Ärmel geschüttelt.
Übrigens:
Keiner dieser Firmen hat etwas bezahlt dafür, hier erwähnt zu werden.
Es gibt sicherlich noch so einige Adressen in Cabarete zu erwähnen. Die Parkplatzsuche ist allerdings ungleich schwieriger dort als in Sosua. Cabarete ist auch immer etwas teurer und mehr auf Touristen als auf Residenten programmiert.
Aber **Abendessen in Cabarete** in einem der vielen Restaurants am Strand – mit den Füßen im Sand – das hat schon ein besonderes Flair.
Ihren Favoriten werden Sie selbst herausfinden.
Auf der dem Meer abgewandten Straßenseite gibt es etliche gute + günstige Restaurants – doch der Straßenlärm ist nicht jedermanns Sache
Am Strand geht es mit den **internationalen Kite- und Windsurfern** jedenfalls sehr lebendig zu.
Es gibt Unterricht für Anfänger und Fortgeschrittene.
internationale Meisterschaften werden ebenfal in Cabarete ausgetragen.

Lektüre

In deutscher Sprache gibt es Zeitschriften wie Focus, Spiegel, Stern, Freundin, Brigitte, Cosmopolitan etc. im **Copicentro Sosua** (>>>)
Die Nachrichten des Landes in englischer Sprache können Sie sich täglich kostenlos als Email kommen lassen>>>:**www.dr1.com**
Die **Deutsche Welle** wie schon erwähnt **TV-Kanal 143**
Die Schweizer versorgen uns mit neuesten
Inselnachrichten via **www.dom-rep.ch**
14-täglich erscheint in deutscher und in englischer Ausgabe das Journal **LA PLAYA** - mit vielen Kleinanzeigen. Liegt zum Mitnehmen aus in den diversen Geschäften.
www.nicepeoplenetworking.com ist eine gut gemachte Website mit den neuesten Nachrichten in Englisch und Annoncen vieler Geschäfte und Firmen.

Gelesen haben sollten Sie den schaurigen Roman des **Literatur-Nobel-Preisträgers Mario Largas Llosa**
    "Das Fest des Ziegenbocks"
Inzwischen ja auch verfilmt. Llosa beschreibt die von extremer Willkür diktierte Schreckens-Herrschaft des Diktators Trujillo, der 1961 ermordet wurde.
Von den durch Trujillo 1960 ermordeten drei Schwestern Mirabal handelt das Buch
    Die Zeit der Schmetterlinge
Das Haus und der wunderschöne, orchideenreiche Garten der Familie wird liebevoll als Museum in **Salcedo** gepflegt. Ihr Todestag am 25.November wird alljährlich

weltweit als "Tag gegen die Gewalt gegen Frauen" begangen.

Sehr interessant, aber im öffentlichen Handel wohl kaum noch erhältlich – evt. aber im Antiquariat von www.amazon.de oder über die Deutsche Botschaft zu beziehen:
Joachim Priewe (†)
A.K.- Vom Schattenland ins Tropenlicht

veröffentlichte Gespräche mit **Arthur Kirchheimer** – vor einigen Jahren in Sosua mit über 90 Jahren gestorben – der seinerzeit einer der Einwanderungs-Juden aus Nazi-Deutschland war und die Entwicklung der Nordküste des Landes entscheidend beeinflußt und mitgeprägt hat. Seit dieser Zeit gibt es eine von diesen übergesiedelten Juden beeinflußte deutsche Tradition an der Nordküste.

An **Louis Hess (†)** der ebenfalls aus Nazi-Deutschland in die Karibik entrinnen konnte, erinnert in der Calle Pedro Clisante die nach ihm benannte und von ihm gegründete Volksschule, die ihm zu Ehren alljährlich ein Dankesfest veranstaltet.

Die jüdische Synagoge mit einem Museum befindet sich links vom Eingang zum Hotel Casa Marina Reef in Sosua.

Miesmacher

Die gibt's natürlich auch hier, wie überall auf der Welt. Wenn Sie denen auf den Zahn fühlen, dann artikuliert sich da meist eine Enttäuschung, die hausgemachte oder private Gründe hat. Sie haben sich eben alles ganz anders vorgestellt. Was denn eigentlich genau?

Können das Land und seine Bewohner denn etwas dafür, daß sich diese Leute alles ganz anders vorgestellt haben?

Warum haben diese Herrschaften nicht ihr neues Leben erst einmal ausprobiert und getestet? Warum sind sie denn überhaupt noch hier, wenn doch alles so schrecklich ist?

Es sind übrigens haargenau die gleichen, die auch in Deutschland alles so schrecklich fanden. Sie werden überall auf der Welt alles schrecklich finden und immer nur meckern.

Gar nich um kümmern... würde man in Hamburg sagen.
Lassen Sie diese Miesmacher links liegen, wenn sie Ihnen ihre „furchtbaren" Erlebnisse schildern wollen.

Sie werden Ihnen nicht hilfreich sein, ganz und gar nicht, und sie verderben Ihnen nur die gute Laune!

Notare

Bedenken Sie, daß es keine Auflassungsvormerkung für Immobilien gibt, die Sie vor dem Doppelverkauf oder sonstigen Tricks schützt. Sie müssen sich beim Notar eine **frisch zertifizierte Kopie des Originaltitels** neuesten Datums vorlegen lasssen.
Sie müssen diesen Titel überprüfen lassen, ob da ein Embargo im Hintergrund lauert, das nicht eingetragen ist, aber trotzdem geltend gemacht werden kann. Sonst kaufen Sie Schulden und Belastungen der Immobilie mit.
Nehmen Sie diese Warnung ernst, bitte.
Der „Stewart-Titel" schützt Sie davor. Er kostet derzeit 1 % der offiziellen (!!) Kaufsumme.
Wenn etwas nicht in Ordnung sein sollte, bekommen Sie Ihr Geld zurück.

Vor dem Kauf müssen Sie noch Erkundigungen einholen lassen, die beglaubigt und bestätigt werden sollten – und zwar, ob gegen den Verkäufer keinerlei Forderungen oder Verfahren anhängig sind

- Beim Zivilgericht   >> Corte Civil
- Beim Strafgericht   >> Corte Penal
- Beim Grundbuchamt   >> Tribunal de Tierra
- Bestätigung vom Steueramt, daß keine Steuerschulden oder Belastungen auf dem Grundbesitz lasten>>>
  Direccion Nacional de Impuestos Internos (DGII)

Denn falls – auch wenn nicht eingetragen – wie immer geartete ältere Rechte vorliegen, dann könnte man auf die von Ihnen frisch erworbene Immobilie durchgreifen, auf ähnliche Weise, als hätten Sie eine Art Hehlergeschäft getätigt, obwohl Sie keine Ahnung hatten und auch natürlich dafür nicht bestraft werden.

Strafe genug, daß Sie Ihren Besitz wieder hergeben müssen, während der Verkäufer längst auf Nimmerwiedersehen verschwunden ist – mitsamt dem Erlös.

Kaum zu glauben, aber wahr: Mit Hilfe korrupter Juristen kriegen das clevere Kriminelle immer wieder mal irgendwie hin. Ich wäre beinahe selbst in so eine Falle getappt, habe aber noch rechtzeitig die Warnung erhalten von meinem Notar.

Das wissen die wenigsten hier, wie ich umfragemäßig testen konnte. Sie müssen **immer alle Frage stellen** und nicht darauf warten, daß man Ihnen automatisch alles Wichtige erzählt.Verinnerlichen Sie bitte, daß **nichts in diesem Land automatisch läuft** – außer die Automatic Ihres Autos (hoffe ich doch!)

Also immer **vorher** nach den Kosten wie auch nach den eben genannten Kriterien fragen, damit es Ihnen nicht später die Sprache verschlägt oder noch Schlimmeres passiert.

Ein vertrauenswürdiges Notariat in Sosua betreibt

Notar Guido Perdomo
Plaza Perdomo
Sosua – Calle Pedro Clisante 73
Tel: +1 809 571 1950

Ich arbeite seit dem Jahr 2000 mit dieser Kanzlei zusammen: von der Beurkundung bei Immobilienkauf bis zur Firmengründung.
Man spricht Englisch und Deutsch.

+++++++

Notrufe – Notfälle
     Landesweiter **Notruf 911**
Deutsche Botschaft   >>> siehe dort
Schweizer Konsulat   +1 809 533 3781
Österreichisches Konsulat   +1 809 508 0709
Taxi in Sosua   +1 809 571 3097
Taxi in Cabarete   +1 809 571 0767
Auskunft Telefonges. CLARO +1 809 220 1111
   (alle ohne Gewähr)

Post

Die Post ist unsicher und funktioniert nicht einmal im eigenen Lande. Die Briefmarken werden auch gern geklaut. Es gibt ja auch verführerisch schöne Motive. Meine Ansichtskarten erreichten jedenfalls nie ihr Ziel.

Einige Versuche, Briefe von der Post in Puerto Plata nach Europa aufzugeben, haben aber gut geklappt. Es sollte aber vorsichtshalber nichts unwiederbringlich Wichtiges enthalten sein. Mit einem geringen Aufpreis wurde mir zugesagt, daß die Sendung in 2 Wochen ankommen wird. Na, ja.. in 3 Wochen war sie tatsächlich da.

Aber Email und Fax sind ja wohl doch die moderneren und sicheren Kommunikationsmittel der Wahl.

Wir geben auch gern Freunden Briefe mit auf ihren Flug nach Deutschland / Schweiz/ Österreich - am besten schon fertig frankiert, damit sie in Frankfurt oder München oder Zürich noch am Flughafen sofort eingeworfen werden können.

Will man Post (Briefe –Päckchen – Pakete) nach Santo Domingo senden, bedient man sich der Services von
Caribe Tour und **Metro.**

Diese **Busse** verkehren z.t. sogar stündlich von Sosua nach Puerto Plata, Santiago und in die Hauptstadt Santo Domingo (neben anderen kleineren Haltestationen).
Man kommt mit diesen komfortablen, gut klimatisierten und sehr sauberen Bussen durch das ganze Land überallhin. Für die Postsendung erhält man einen Beleg mit Code-Nummer. Man ruft den Empfänger an und nennt ihm diese Nummer. Der Empfänger kann mit dieser Nummer und seinem Identitätsnachweis (Reisepaß oder Cedula) am Terminal des Zielortes seine Sendung entgegennehmen.

Das funktioniert hervorragend. Sie können – so Sie mutig sind – sogar einige Geldscheine auf diese Weise senden. In diesem Fall sollte der Umschlag undurchsichtig genug sein, damit niemand auf dumme Gedanken kommt.

So preiswert wie mit diesen Bussen können Sie übrigens nicht mit dem eigenen Auto nach Santo Domingo fahren... und so stressfrei und sicher auf gar keinen Fall.
Aktuell kostet die einfache Fahrt
nur 380,- Pesos = USD 9,50.

Sie dauert 4 ½ Stunden.

Schneller sind Sie mit dem Auto nicht, denn diese Busse haben eine "eingebaute Vorfahrt", auf die sie mit Nachdruck pochen, und sie fahren wie die Henker.
Achtung:
Man kriegt leicht kalte Füße und braucht Socken und eine Jacke, weil es richtig kühl ist in diesen Bussen.Der Fahrer kann nichts an der von der Firma festgelegten Programmierung der Air Condition ändern.

UPS

steht natürlich für wichtige und wertvolle Sendungen wie überall auf der Welt zur Verfügung:
in der **Plaza HBV**- Carretera Principal– 1 km östlich von Sosua auf dem Highway Richtung Cabarete.

Für Kurierdienste im Inland steht der Service allerdings nicht zur Verfügung

Dominikanischer Paß

Sollten Sie einen Dominikanischen Paß erwerben?
Das macht aus verschiedenen Gründen kaum jemand.
Das Risiko, daß die dominikanischen Behörden tatsächlich ihrer Verpflichtung nachkommen und diesen Wechsel der Staatsangehörigkeit der Deutschen Botschaft melden ist recht hoch.
Dann sind Sie Ihren deutschen Paß los, der automatisch ungültig wird, weil Doppel-Staatsangehörigkeiten vom deutschen Gesetz nicht geduldet werden – es sei denn Sie sind mit einem(r) Dominikaner(in) verheiratet und haben Kinder, die hier im Lande geboren und damit automatisch Dominikaner sind.
Ohne diesen familiären Background machen Sie sich bei den dominikanischen Behörden eher verdächtig, weil eben dies normalerweise kein Mensch tut, denn Sie brauchen für jede Ausreise in ein anderes Land **immer ein Visum** und müssen immer eine Rückflug-Buchung nachweisen. Dinge, die mit dem deutschen Paß wie von selbst laufen, werden da plötzlich zu einem Problem.

Wer meint er könne sich der deutschen Justiz entziehen, indem er seinen deutschen Paß gegen den dominikanischen eintauscht, der irrt gewaltig und schießt evtl. ein Eigentor.
Bei einer Strafverfolgung - z.B. in der Größenordnung einer siebenstelligen Summe, die jemand von Ihnen zurückhaben will – egal ob berechtigt oder nicht – tritt INTERPOL auf den Plan. Da ist es meist nur eine Frage der Zeit, bis der Gesuchte gefaßt ist.

Die Insel ist groß, aber nicht groß genug, um sich auf Dauer zu verstecken. Alle Flughäfen und Grenzübergänge sind für jemanden, der gesucht wird, in kürzester Zeit gesperrt. Bei dem Versuch auszureisen, läuft er seinen Verfolgern direkt in die Arme. Dann landet er im dominikanischen Knast und wird auf Knien betteln, ausgewiesen und deutscher Gerichtsbarkeit überstellt zu werden.

In einem solchen Fall kann es sogar dazu kommen, daß gerade für einen so schlauen Inhaber eines dominikanischen Passes eine lange, ja sehr lange Verzögerung eintritt. Wer außer ihm sollte es denn auch so eilig haben, den deutschen Paß wieder aktivieren zu lassen?

Ein Jahr hinter Gittern in diesem Land und Ihre Gesundheit dürfte für den Rest Ihres Lebens so stark gelitten haben, daß Sie gern 10 Jahre dafür in einem deutschen Gefängnis zugebracht hätten, das im Vergleich dazu ein Sanatorium sein dürfte.
Betrügerischen Händlern mit Pässen ist schon so mancher aufgesessen. Auch seriös auftretende Anwälte sind unter denen, die gefälschte Pässe besorgen, die täuschend echt aussehen, aber inzwischen schon lang nicht mehr das PC-Scanning der Polizei und der Paßkontrolle überlisten können.
Wer dabei erwischt wird, wird schon in der nächsten Nacht gesiebte Luft atmen dürfen...
Wer unbedingt trotz aller Nachteile einen dominikanischen Paß will, sollte unbedingt die legale Vorgehensweise wählen.

Prostitution

Ob man dazu viel sagen muß?
Es ist dasselbe wie überall auf der Welt.

Achtung, HIV , Hepatitis und andere Geschlechtskrankheiten !!
.. und die ständige Gebetsmühle – bis zum Erbrechen wiederholt: **nur geschützter Geschlechtsverkehr!**

Achtung : Drogen, K.O.-Tropfen, Raub und... und... und...

Die Mädels machen ausländische Männer ziemlich dreist und auch ziemlich lästig an jeder Ecke bei Tag und Nacht an, ob die nun eine Frau neben sich am Arm haben oder nicht.
Wenn Sie meinen, sich das Vergnügen gönnen zu wollen oder zu müssen, dann tun Sie, was Sie nicht lassen können...
Klar, ist mal was anderes: so eine kaffeebraune Schönheit... und auch nicht teuer.

Auch gepflegte und diskrete Stundenhotels (sogar mit Garagen) sind nicht teuer, denn die Schöne wird Ihnen kaum ein akzeptables und auch sauberes Ambiente bieten können.

Residencia

Die Richtlinien haben sich gerade mal wieder geändert und - wie wir hoffen – ist noch nicht das letzte Wort zu den neuerlichen, etwas unbequemen Entscheidungen der **MIGRACION** in Santo Domingo gesprochen worden. Am besten erkundigt man sich auf der Website der Migracion und auf der Website der Botschaften aktuell nach den derzeit gültigen Rahmenbedingungen.

Seine erste Residentenkarte – nach Blut-Urintest-Röntgen etc, erhält man auf Antrag ca. nach einem halben Jahr. Mit diesem provisorischen Papier kann man aber schon in Grenzen operieren: Bankkonto gründen, Auto kaufen, Firma gründen, Immobilie kaufen etc.
Die erste Karte gilt nur ein Jahr und dann wiederholt sich der ganze Spuk mit allem Drum und Dran nochmals.
Dann bekommt man die Residencia für 2 Jahre und da capo. Bisher waren dann keinerlei Untersuchungen und dgl. mehr fällig, aber da soll sich eben einiges geändert haben.
Parallel bekommen Sie eine Cedula – vergleichbar unserem Personalausweis.
Sie brauchen :
- Ein polizeiliches Führungszeugnis-beglaubigt und ins Spanische übersetzt
- Eine akuelle Geburtsurkunde von Ihrem Standesamt (ins Span. Übersetzt)
- Ein Zertifikat von Ihrer dominikanischen Bank, wo Sie Kunde sind.
- 6 Fotos wie vorgeschrieben

Ein Gesundheitsattest mizubringen können Sie sich sparen, denn es wird nicht akzeptiert.
Auch wenn Sie noch so gut Spanisch sprechen, lassen Sie sich von einem darauf spezialisierten Anwalt Ihres Vertrauens helfen, weil man dann erfahrungsgemäß weniger schikaniert wird – so meine Erfahrung.
Daß Ihr sympathisches äußeres Erscheinungsbild und Auftreten bei Ihrer(m) jeweiligen Sachbearbeiter(in) positive Auswirkungen haben kann, ist Ihnen sicher klar...
....aber offenbar nicht allen, wenn man sich dort in der Wartehalle so umguckt...
Die Kosten für die erste Residencia (mit Anwalt) liegen normalerweise bei USD 1.500,- ... geht sicher auch kostengünstiger.
Wahrscheinlich werden Sie übernachten müssen in Santo Domingo, weil der erste Bus zu spät losfährt und der letzte zu früh. Mein favorisiertes Hotel in der Altstadt (Zona Colonial) von Santo Domingo sei Ihnen verraten:
Hotel Palacio – Calle Duarte 8 - Tel: +1 809 682 4730
Mit dem eigenen Auto an einem Tag 2 x 4 ½ Stunden am Steuer sitzen, ist nicht ratsam, weil dieser Verkehr immer nervenfressend ist.
Die "Autopista" ist nicht nur für Autos da. Allzu nah am rechten Rand gibt es Verkaufsbuden, Kinder spielen auf dem Mittelstreifen, jemand wendet, weil er die Ausfahrt verpaßt hat oder abkürzen will, in die Gegenrichtung. Tiere wie Pferde, Kühe, Hunde, Katzen überqueren plötzlich die Fahrbahn. Eine kleine Unaufsamkeit kann schon erhebliche Folgen zeitigen.
Der Verkehr in Santo Domingo ist nur etwas für absolute Spezialisten.

Sprache

In der Dominikanischen Republik wird Spanisch gesprochen (in Haiti übrigens Französisch). Aber ziemlich anders, als Sie es vielleicht von Spanien her kennen. Sie sollten sich daher auch das kleine und sehr hilfreiche Büchlein besorgen, das ich eingangs schon erwähnte. Sie treffen dort auf typische Dominikanismen, lernen schon mal ganz nebenbei etwas über das Lokalkolorit und profitieren sofort im Alltag davon:

Es gibt auch eine begleitende CD dazu.

Kauderwelsch Band 128
Spanisch für die Dominikanische Republik
Autor: Hans-Jürgen Fründt
ISBN: 3-89416-328-3

Auf jeden Fall ergänzend dazu einen schönen, großen, bunten Reiseführer, z.B.
Nelles Guide – Dominikanische Republik

+++++++

Staatsangehörigkeit
haben wir schon unter **Paß** abgehandelt (>>>> Paß)

Schulen und Kinderbetreuung

Es gibt offzielle Schulpflicht. Es funktioniert nur bei vielen Dominikanern nicht – aus schon erwähnten Gründen.Ein neues Alphabetisierungs-Programm für ca. 800.000 Menschen soll in diesem Jahr noch auf den Weg gebracht werden...vamos a ver – schaun mer mal...
Es gibt eine **Internationale Schule**, die nicht ganz billig ist. Inzwischen auch eine Reihe anderer Schulen.
Dabei müssen Sie aber aufpassen, damit Ihr Kind nicht unterschwellig in eine Erziehung in <u>Richtung bestimmter religiöser Weltanschauungen</u> gerät, wenn Sie dies nicht möchten.
Es gibt nämlich sehr viele Sekten im Lande, die durch niemanden kontrolliert werden. Ein gewisser Sektenführer, der auch das TV-Magazin **AKTE 2010 und 2012** ausführlich beschäftigt hat, ist aktuell nun endlich nach vielen Jahren praktizierten Terrors angeklagt worden.

Die gute Nachricht für Mütter mit Kleinkindern:
Es gibt ab dem jüngsten Alter schon Kindergärten und später die Pre-Schools. Genau das,was man in Deutschland so sehr vermißt.
Private Kindermädchen – Nannies – sind jederzeit zu finden. Diese sind keine professionellen Kindergärtnerinnen oder haben irgendeine Ausbildung. Bei den allseits anzutreffenden Großfamilien in diesem Land haben sie aber meist beste praktische Erfahrung im Umgang mit Kindern.
So erfreuen sich ausländische Mütter während dieser zeitweiligen, hochwillkommenen Entlastung erholsa-

mer, unbeschwerter Stunden, die der ganzen Familie letztlich wieder zugute kommen. Wichtig ist, daß Sie vor der Auswahl und Beschäftigung Ihres Kindermädchens möglichst entsprechende Empfehlungen einholen. Erkundigen Sie sich auch über den „Esposo" oder den „Novio" des Kindermädchens oder der Putzfrau. Aufpassen! Sollte sich herausstellen, daß sich da der Verdacht auf einen kriminellen Hintergrund andeutet, dann aber wirklich Hände weg!

Supermercados

Die Supermärkte wie auch die meisten Ferreterias (Baumärkte) sind täglich geöffnet – auch sonntags und an Feiertagen.
meist von 08:30 bis 20:30
aber in freier Selbstbestimmung auch zu anderen Zeiten.
außer am 25.Dezember.
An diesem Tag werden Sie landesweit kein offenes Geschäft finden. Meist noch nicht einmal ein offenes Restaurant in den Städten. Am Strand aber läuft auf jeden Fall alles wie immer – meistens.
Der 26.Dezember wie auch der Ostermontag sind übrigens keine Feiertage in diesem Land.
An Sonn- und Feiertagen sind nur die Banken und die Büros geschlossen. Hauspersonal und Handwerker arbeiten in der Regel wie immer, wenn Sie es möchten.
Ggtl. verlegt die Regierung einen Feiertag aus der Wochenmitte auf den kommenden Montag.
Vorsicht! Das sind dann lange Wochenenden mit landesweit erheblichem Verkehrsaufkommen.

Die Dominikaner frönen dann nämlich ihrem typischen Familien-Versammlungs-(Wahn-)Sinn

Arbeiter und Angestellte haben auch keine Probleme, im Bedarfsfall am Sonntag zu arbeiten, und lassen sich bei entsprechender Bezahlung nicht übertrieben stark dazu bitten.
Um Siesta-Ruhezeiten, die in den südeuropäischen Ländern fast geheiligt sind, kümmert man sich hier recht wenig.
Das Recht auf Ruhe für ein Mittagsschläfchen ist also kaum einzufordern.
Man wird allerdings zwischen 12 – 14 Uhr keinen Domi beim Mittagessen stören können, weil sie meist ihr Handy (Celular) in dieser Zeit ausschalten oder einfach den Anruf nicht annehmen werden.

+++++++

Scheidung

ist etwas sehr Spezielles in diesem Land und etwas eigenartig.
Auch wenn ein Mann gar nicht verheiratet war mit der hübschen Morena, wird er bei der Trennung heftig bluten müssen. Ich erwähnte das schon.
Ob zwei deutsche / schweizer / österreiche Ehepartner, die sich einvernehmlich scheiden lassen wollen, mit ihrem Scheidungsantrag und – vertrag (natürlich auf

Spanisch) selbst zum Gericht gehen können, sich einen Anwalt also sparen können?...
Da bin ich nicht ganz sicher. Ich habe dazu schon sehr widersprüchliche Aussagen gehört. Möglicherweise geht das nur, wenn hier im Lande geheiratet wurde.
Anwälte werden natürlich strikt verneinen, daß es ohne sie geht... klar... vollkommen durchsichtig, warum.
Bei Inanspruchnahme eines Rechtsanwalts – wofür auch immer - müssen Sie die Preise vergleichen und vorher aushandeln. Sie werden feststellen, daß die Honorar-Vorstellungen der Anwälte sehr unterschiedlich sind, denn eine offizielle Gebührentabelle gibt es nicht.

+++++++

Steuern

Wenn Sie eine Firma haben - nur für Ihre Immobilien und ohne wesentliche (Miet-) Einnahmen - dann ist die jährliche Steuererklärung unkompliziert.
Sie muß aber in jedem Fall von einem autorisierten Steuerbüro gemacht werden.
Der Abgabetermin ist der 30.März eines jeden Jahres.
D.h. daß Sie rechtzeitig 8-10 Tage zuvor zu Ihrem Steuerbüro gehen – falls Sie dort schon Kunde sind. Sonst natürlich viel früher.
Das Honorar pro Firma ist derzeit ca. 250,- bis 275,- USD für den Steuerberater. Die Steuer für die Firma richtet sich nach den Immobilien: beginnend bei etwa um die USD 300,- aufwärts pro Jahr.Der Steuerberater macht das jedes Jahr in gleich bleibendem Procedere.

Man bezahlt an ihn bar sein Honorar und auch die Steuern. Er erledigt alles, händigt die Steuerakte samt Quittungen – später noch samt der Original-Quittungen von der Finanzbehörde aus... und das war´s. Deren Fahrt nach Puerto Plata für die Zahlung an das Steueramt ist im Service eingeschlossen.

Barzahlungen sind üblich in diesem Land, Überweisungen unüblich und kostenträchtig, Daueraufträge gibt es nicht. Einen Scheck wird man nur akzeptieren, wenn man Sie gut kennt. Es dauert aber sehr, also vielzu lange, bis er gutgeschrieben ist, und es kostet unnötig viel Geld. Kreditkarten–Zahlungen haben sich überall und weitestgehend schon durchgesetzt.

Ohne Firma kostet ein Condo (ETW) keine Steuern,
ein **Haus ab dem Wert von RD$ 5.000.000,-**.
(derzeit € 100.000,-)
Alles was **über** diesem Betrag liegt wird
mit 1% versteuert.
Also Hauswert € 120.000,- >>> Steuern auf € 20.000,- ergeben € 200,-p.a.

Nun gibt es aber keine Kontrolleure, die Ihr Haus schätzen. Auch die Tabellen für unbebautes Land haben niedrigere Schätzwerte als der Kaufpreis normalerweise.
Also?
Für eine Finca zahlen Sie keine Steuern.
Wenn Sie über 65 Jahre alt sind, zahlen Sie auch keine Steuern auf Ihre Immobilie.

Wenn das keine guten Bedingungen sind !!!

Das Steuerbüro, mit dem ich seit Jahren auf diese Weise zusammenarbeite, liegt Tür an Tür mit dem Büro von **Notar Guido Perdomo** und seinem Bruder
Juan Perdomo - **Chef der **Immobilienfirma Century 21

Heridia Gilbert & Associados
Sosua – El Batey
Plaza Perdomo
Calle Pedro Clisante 73
Tel: + 1 809 571 1122

+++++++

Telefon

Über Handys sprachen wir schon unter **Internet.**
Sie bekommen ein einfaches schon ab €12,- .
Falls Sie ein Triband von zu Hause mitgebracht haben, wechseln Sie einfach den Chip.
Wenn Sie ein Festnetztelefon möchten, müssen Sie das in Puerto Plata bei der Telefongesellschaft **CLARO** beantragen.

Eigentlich brauchen das nur noch Firmen mit Büros.
Die Flächendeckung ist inzwischen besser. So ist das Telefonieren mit dem Handy die Methode der Wahl, da Sie ja auch mit den moderneren Handys Emails und Fotos empfangen und senden können.

Titulo

Über dieses Grundbuchblatt haben wir schon bei den Immobilien und Notaren gesprochen
Das Grundbuchamt – das **Tribunal de Tierra** – wo auch alle gerichtlichen Verhandlungen zum Thema Immobilien stattfinden, ist ein Extra-Gebäude seitlich vom Gerichtsgebäude, dem **Palacio de Justicia, in Puerto Plata.**
Das große Gebäude liegt gleich eingangs der City am ersten großen Kreisverkehr (Blickrichtung 2 Uhr etwa), wo sich auch die Abzweigung nach Santiago und Santo Domingo befindet.

Übersetzungen

Übersetzte Dokumente aller Art, die Sie benötigen, müssen von einem(r) gerichtlich autorisierten Übersetzer(in) gefertigt werden. Eine schrifliche Ausarbeitung ist teurer, als wenn die- / derjenige Ihnen eben mal schnell mündlich etwas übersetzt.
Ihr Anwalt oder Ihr Notar wird Ihnen Auskunft geben, wer aktuell zur Verfügung steht für diesen Job und zudem auch im Falle eines Falles einem Klienten bei einer Gerichtsverhandlung für eine Simultanübersetzung zur Seite steht. Seit neuestem steht Frau **Monika Hornig** wieder über ihren **Online-Dienst** zur Verfügung. Sie kann auch nach Terminvereinbarung via **skype** konsultiert werden. Sie ist zudem juristisch sehr erfahren, da schon mehr als ein Jahrzehnt hier am Gericht vereidigte Übesetzerin für Deutsch-Englisch-Spanisch.
Email: **traducta2000@freenet.de**

Umzug aus Europa

Einen (nur einen) zollfreien Container dürfen Sie innerhalb eines halben Jahres nach Ihrer Einreise zollfrei einführen.
Was mir im Herbst 2000 so alles bei der Zollabwicklung im Container-Hafen von Santo Domingo passiert, was alles abhanden gekommen ist, obwohl vor mehreren Paar Argusaugen aufmerksamst beobachtet, beschrieb ich ausführlich lang und breit und warnend in der ersten Auflage. Heutzutage kann ich mich kurz fassen und Sie einigermaßen versichern, daß Sie **diese Probleme nicht** mehr haben werden.

Für die Verschiffung Ihres Umzugs sorgt
www.domrep-transport.de

Finden Sie dort bitte unter **Impressum** die Kontaktdaten und fragen Sie die Modalitäten an:
Herr Hannes Suchy wird Sie ausführlich und bestens beraten und Ihnen alle Fragen beantworten.

Sie sollten aber sorgfältig nachdenken, was Sie wirklich hierher transportieren wollen, ob das lohnt, ob das den Preis und die Umstände wirklich wert ist.
Nicht - oder nur in Ausnahmefällen sollten Sie **mitbringen:**
Auto, Möbel, Winterkleidung, Fernseher (hier anderes System), diverse Elektrogeräte, die mit 60 Hz schlecht oder gar nicht funktionieren (und wenn, dann bald kaputt gehen) Keine Geschirrspüler, keine Waschmaschine

Ob Ihre wunderbare Stereoanlage hier auch so wunderbar läuft, hängt (trotz Ihrer Installation von 220V-Steckdosen) von eben diesen 60 Hz ab. Es könnte sein, daß sie jaulende Töne von sich gibt.
Kaufen Sie sich lieber gleich eines von den vielen preiswerten Angeboten bei **PLAZA LAMA** in Santiago in der Calle del Sol und verschenken oder verkaufen Ihre gebrauchte Anlage in Deutschland – wie eben auch Ihre Waschmaschine, Ihren Geschirrspüler, Ihr Auto.
Es gibt hier inzwischen preiswerte und durchaus jedem Geschmack entsprechende Möbel zu kaufen. Auch gar nicht soo sonderlich teure Maßanfertigungen aus geflochtenen Materialien in edlem karibischen Stil passen hier gut in Ihre Räume. ... wenn alle Stränge reißen, >>>gibt es in Santo Domingo ja auch noch **IKEA**:
von der preiswerten Einbauküche bis hin zu Stockbetten für die Kinder hat man einiges Praktisches und auch ästhetisch Schönes dort zu bieten. Landesweiter Transport- und Installations-Service wird angeboten.
Alles allemal günstiger als der teure Übersee-Transport.

Polsterarbeiten und Gardinen-Nähen sind sehr preiswert.
Die Stoffe ebenfalls, die in Yard = 90 cm abgemessen werden und meist 120-140 cm breit liegen.
Es gibt eine wirklich gute Auswahl
Ansonsten wird in Pulgada gemessen, was dem Inch (1 inch = 2,54 cm) entspricht. Meßbänder sind meist mit beiden Maßeinheiten - cm und pulgada versehen.
Übrigens:
Die Räume sind hier höher, also mitgebrachte Fertig-Gardinen in aller Regel zu kurz.

Wenn Sie es über sich bringen, gar keinen Container – Umzug zu veranstalten, sparen Sie eine Menge Zeit - Geld und Nerven sowieso.

+++++++

Verkehr

Der chaotische Verkehtr ist sehr gewöhnungsbedürftig. Ampeln befinden sich hoch in der Mitte der Kreuzung und werden zunächst gern übersehen, wenn man an seitliche Ampeln gewöhnt ist. Die Ampeln fallen zudem öfter einmal aus, haben keine Gelbphase oder funktionieren nicht nach allen Seiten.
Vorfahrtschilder sind nicht immer vorhanden oder werden nicht beachtet. Jeder fährt, wann und wo er gerade Platz hat. Rotes Ampellicht für den Querverkehr heißt noch lange nicht, daß Sie sich nicht nach allen Seiten vergewissern müssen, ob Ihnen nicht jemand vors Rohr fährt, weil er farbenblind oder einfach nur frech ist.

Für Motoconchos – die Motorräder aller Größen – scheinen überhaupt keine Verkehrsregeln zu gelten. Sie überholen von allen Seiten, nehmen Ihnen die Vorfahrt und kommen Ihnen in der Einbahnstraße entgegen... rote Ampeln sind nur für die anderen da.
Manchmal sitzen auf den zwei Sitzen bis zu 4 Personen samt Kleinkindern, oder einer transportiert einen großen, gefüllten Gastank hinten quer, der das Motorrad beträchtlich und auch gefährlich nach beiden Seiten hin überragt. No problema!

Eigentlich besteht Helmpflicht. Aber was heißt das schon? Wenn Sie einen Motorradfahrer mit Helm sehen, dann ist das ein Zeichen, daß eine Polizeikontrolle in der Nähe gerade mal wieder aktiv ist – so daß Sie sich schnellstens anschnallen sollten, um nicht angehalten und um einige Pesos erleichtert zu werden.
Hat es Sie aber erwischt und Sie müssen zahlen, dann bleiben Sie ganz cool, sehr freundlich und handeln den Preis ein bißchen runter – immer mit einem Lächeln!
Fragen Sie um Gottes Willen nicht nach einer Quittung für ihre Multa (Strafzahlung), denn das wird kompliziert und viel teurer.
Seien Sie mit dieser meiner lapidaren Feststellung bitte einfach vorerst einmal zufrieden.
Motorradfahrer brauchen keinen Führerschein. Wenn sie auf dem hinteren Sitz einen Fahrgast transportieren, dann brauchen sie als Klein-Taxifahrer eine Lizenz dafür.

Autofahrer fahren oftmals ohne Lizenz und ohne Versicherung. Für einen an Ihrem Auto schuldhaft verursachten Schaden wird selten ein Domi aufkommen, und wenn er noch so eindeutig schuld daran ist.
Keine Versicherung – kein Geld – lo siento - tut mir leid ... und weg ist er.
In Deutschland habe ich mir meine Beulen immer selber fabriziert, aber hier sind sie alle auf dem Parkplatz der Supermercados von anderen reingebufft worden.

Für Ihre Versicherung gilt in Falle eines Unfalls:
Sie müssen **innerhalb von 48 Std.** einen **Polizei-Report** beibringen, sonst wird Ihre Kasko-Versicherung auch

sagen: lo siento – tut uns leid!

Der Polizist auf der Polizeistation wird Ihnen aber sagen, daß er das auf gar keinen Fall schaffen kann, weil er ja soooo viel Arbeit hat, obwohl Sie sich selbst gerade davon überzeugen konnten, daß er nur Däumchen gedreht hat.

Es hilft nichts: Sie müssen ein paar Pesos locker machen. Auch hier am besten einen Domi mitnehmen, damit das besser läuft.

Am Abend ist besondere Vorsicht geboten. Rechnen Sie damit, daß ab 22 Uhr kein Fahrer eines entgegen kommenden Fahrzeugs mehr nüchtern ist, daß Sie außerdem aus schlecht eingestellten Scheinwerfern des Gegenverkehrs geblendet werden. Die Folge kann sein, daß ein vor Ihnen fahrender Motorradfahrer ohne Licht fährt und Sie ihn erst erkennen, wenn er als Kühlerfigur auf Ihrem Auto sitzt.

Bei Personenschaden kommen Sie erst einmal in Polizeigewahrsam (sprich Knast) – egal ob Sie schuld sind oder nicht. Sollte gerade Wochenende sein, werden Sie dort auch bis Montag logieren dürfen, wenn Sie nicht jemand gegen eine Kaution dort herausholt.

Es gibt eine **Hotline für so plötzlich Inhaftierte:**
+1 809 200 1202

Außerdem eine Extra –Versicherung für die

Casa del Conductor
Calle 16 de Agosto #3   - Santiago
Tel: +1 809 241 4848

Dorhin kann man sich bringen lassen und wie in einem Hotel sehr komfortabel übernachten, telefonieren, seinen Anwalt empfangen etc. Das kostet aktuell **€ 26,- im Jahr**

Kein Wunder also, daß so oft Unfallflucht begangen wird, wo und wann immer möglich. Auch den hilfreichen Zeugen spielen zu wollen, kann sich oft als Eigentor entpuppen. Mehr will ich dazu hier erst einmal nicht sagen. Ich will nur andeuten, was bei Unglücksfällen alles auf Sie zukommen kann.
Speichern Sie die wichtigsten Rufnummern also auf jeden Fall in Ihrem Handy.
Leisten Sie sich in keinem Fall einen leeren Akku!!!
Kontrollieren Sie stets Ihr Handy ‚ob und wie lange sie noch im Plus sind.

Die **Semana Santa** (Karwoche) müßte eigentlich Semana loca – verrückte Woche - heißen. Wird auch oft so genannt.
In dieser Woche bleiben Sie am besten zu Hause. Das ganze Land spielt derartig verrückt, und fast jeder Domi beginnt schon am frühen Morgen, sich noch gründlicher zu besaufen als sonst.
Dies führt sogar dazu, daß der Präsident von Karfreitag bis Ostersonntag Badeverbot außerhalb der Hotelstrände verhängt, weil es nicht genügend Helikopter gibt, um betrunkene Nichtschwimmer rechtzeitig aus dem Meer zu fischen, bevor sie ertrinken. In dieser Zeit hören und sehen Sie an der Küste auch mehr Helis als sonst Patrouille fliegen.
Wenn Sie nicht arbeiten müssen, sollten Sie sowieso für alle Ausflüge eher die Wochentage vorziehen... wie gesagt wegen des Familien-Versammlungs-Wahnsinns der Domis.

Verkehrsmöglichkeiten durch das ganze Land bieten die beiden großen Gesellschaften **Metro und Caribe Tours,** deren komfortable, schnelle und saubere Busse an allen wichtigen Orten des Landes Haltestellen haben. Sie halten auch unterwegs, wenn am Straßenrand ein Passagier winkt und mitfahren möchte.

In den Städten kann man Taxi fahren, sich auf den Rücksitz eines lizensierten Motoconchofahrers schwingen oder mit einem Guagua mitfahren. Guaguas sind Kleinbusse, die unterwegs winkende Passagiere mitnehmen. Das geht unkompliziert und preiswert, aber man sitzt (allzu) sehr auf Tuchfühlung.

+++++++

Versicherungen

aller Art schließen Sie am besten – wie die meisten von uns - bei dieser schon erwähnten deutschen Agentur ab

Franz Scheichl
Corredor de Seguro
Sosua - Plaza Colonal neben der Banco Popular
1.Stock auf der Galerie # 23
Tel: +1 809 571 3360
Cel: +1 829 907 9936
Email: scheichls@hotmail.com

Franz Scheichl ist ein bei der staatlichen „Superintendencia de Seguro" examinierter Versicherungs-Broker, der sich mit allen Versicherungen, die es hierzulande gibt, bestens auskennt:
für Ihr Auto, für Ihr Haus,für Ihre Krankenversicherung.
Er wird Sie beraten, welchen nationalen Versicherungen Sie trauen dürfen, weil sie eine Rückversicherung abgeschlossen haben wie z.b. bei der Münchner Rück und der Schweizer Rückversicherung, die die Marktführer der Rückversicherungen sind.
Eine einfache Basis-Krankenversicherung empfiehlt sich als "Entrittskarte" in die Kliniken des Landes in jedem Fall, damit man Sie nicht einfach im Falle eines Unfalls auf der Straße liegen läßt, weil man glaubt, von Ihnen kein Geld zu bekommen.
Das ist hier so...sehr hart und gar nicht fair....

Eine Versicherung für stationären Aufenthalt sollten Sie in Deutschland beibehalten, damit Sie für eine aufwendige und auch komplizierte OP nach Deutschland fliegen können – so Sie transportfähig sind.
Die Lufthansa transportiert Sie auf spezielle Anmeldung zu Sonderbedingungen im Liegen von Santo Domingo aus nach Deutschland. Das ist gerade erst kürzlich mit einer Freundin mit einem doppelten Beckenbruch durchgeführt worden.
Solange Sie als Tourist hier weilen, sollten Sie eine Reiseversicherung abschließen, die aber wohl nur für eine limitierte Zeit möglich ist.
Ich zahle übrigens in einer Gruppenversicherung deutscher Residenten jetzt ab 01.01.2013 den soeben

um 29 % erhöhten Tarif von RD$ 1.780,- = € 36,- monatlich.
Natürlich ist da einiges an Eigenanteil zu bezahlen, wenn man sich in Behandlung von Kliniken und Praxen begibt, die diese Versicherungskarten akzeptieren. Mit einem Alter über 70 Jahre nimmt Sie nicht mehr jede Versicherung auf, oder aber entsprechend teurer.

+++++++

Visum

Ihr Touristen-Visum gilt nur noch 60 Tage (früher 90 Tage) ab Einreise.
Unter entsprechender "Begründung" können Sie Ihr Visum vor Ablauf bei der Migracions-Behörde am Flughafen verlängern lassen.

Wenn Sie inzwischen schon das Antragspapier für die Residencia haben, die Ihnen ja erst nach 6 Monaten samt Cedula (Personalausweis) ausgehändigt wird, dann brauchen Sie keine Visa-Verlängerung.
Sie halten sich mit diesem Papier legal im Lande auf.

Im vorauseilenden Gehorsam sollten Sie niemals schon vor Ihrer Einreise bei der Dominikanischen Botschaft Ihres Landes irgendwelche Anträge auf Visa stellen.
Sie werden hierzulande schlichtweg nicht anerkannt, auch wenn die Behörde in Europa Ihnen das eigentlich hätte sagen müssen.
Tut sie aber nicht.... Punkt !

Waffen

Zwei Waffengeschäfte, die auch bei der Registrierung und sonstigen Formalitäten in Santo Domingo helfen:
Pablo Abreu
Impert # 109 Esq. Ant. de la Maza,
<u>**Moca**</u>
Tel: +1 809 577 7645

und

Armería
Josso & Asociados
Rafael Sosa
Av.Luis Ginebra #77
<u>**Puerto Plata**</u>
Tel: +1 809 2613573

Grundsätzlich muss man zweimal nach S.Domingo fahren. Bearbeitungszeit von 21 Tagen oder länger

Populär ist die **Escupeta** = Vorderschaftrepetierflinte
Sie kostet zwischen RD$ 30.000 und RD$ 70.000 mit Lizenz und einmaliger Steuer (Stand: 2012)
Revolver oder Pistole (kurzläufige Waffen) von RD$70.000, gebraucht, bis über RD$ 200.000
Rechnen Sie bitte derzeit: **1:50 >>> Euro: Peso (RD$)**

Wichtig zu wissen ist:
Für eine Escupeta zahlt man nur einmal Steuern, die bereits im o.a. Preis inclusive ist.
Für eine kurzläufige Waffe zahlt man jedes Jahr RD$ 6.100.
Gewehre - außer Luftgewehre - gibt es **nicht legal** zu kaufen – angeblich wegen Attentats-Vermeidung.

Die Lizenzen müssen jährlich erneuert oder verlängert werden.

Wenn Sie Bogen – oder Armbrustschütze sind, können Sie diese Waffen ohne Registrierung und sonstige Formalitäten benutzen, aber bitte Zoll- / Einfuhrbedingungen beachten.

Unverständlicher Weise sind **Armbrüste nicht verboten,** obwohl die High-End-Modelle eine größere Präzision und Reichweite haben als normale Gewehre.

Aber ich sagte es an anderer Stelle schon: die Logik in diesem Land ist – vorsichtig ausgedrückt – eine sehr, sehr andere.

Daß Sie Gefahr laufen, mit der eigenen Waffe erschossen oder zumindest schwer verletzt zu werden, zeigte ein jüngstes Beispiel. Der ältere Herr war einfach dem flinken und viel wendigeren Räuber nicht gewachsen und mußte sich seine Waffe gewaltsam aus der Hand winden lassen, noch bevor er sie gezielt einsetzen konnte.

Die dadurch erlittene Schußverletzung lief gottseidank noch glimpflich ab. Aber er war doch eine ganze Weile ziemlich krank und auch psychisch stark angegriffen, wie sich denken läßt.

Hunde können ein guter Schutz sein. Aber nicht diese allerorts herumlaufenden Mischlingshündchen, die teilweise durchaus sehr niedlich aussehen, aber leicht zu killen sind, wenn sie nicht sowieso den Schwanz einziehen und abhauen, wenn´s bedrohlich wird.

Schwarze Hunde jagen den meist abergläubischen Domis großen Schrecken ein. Dobermann, Rottweiler schwarzer Riesenschnauzer, Deutsche Dogge, Deutscher Schäferhund, aber auch Pitbull und Richback sind Hunderassen mit einem gesunden Selbstbewußtsein und hervorragendem Verteidigungsinstinkt. Sie müssen aber vor Vergiftung geschützt werden und gehören – wenn unbeobachtet - immer ins Haus. Übrigens ist die Auswahl an Hunde- und Katzenartikeln wie auch an Fertigfutter (Konserven und Trockenfutter) etc. in den Supermercados ganz beachtlich. Da ich in einem Condo keinen Hund halten darf, bin ich über Tierärzte nicht ausreichend informiert, um dazu etwas sagen zu können. Es gibt natürlich einige ...und auch mit Hundepension - so gewünscht.

Wetter

Darüber haben wir unter **Klima** schon gesprochen.Unter **www.weather.com** können Sie **Caribbean Satelite** auf-rufen und eine animierte Wetterkarte beobachten, die laufend akualisiert wird und eine gute Vorausschau auf Regen und Sturm bietet, wenn der Wind es sich nicht anders überlegt und plötzlich dreht oder ein Nickerchen macht.Normalerweise herrscht der **Nord-Ost-Passat** an der Nordküste vor, der immer eine angenehme Brise sendet.Seltener – vielleicht 3-5 mal im Jahr – kommt Westwind auf und damit oft verbunden heftige Regen-güsse.

Typisch karibisch: Das Wetter kann ziemlich plötzlich wechseln: Eben noch schönster Sonnenschein vom blauem Himmel und plötzlich gießt es – aber der Regen vergeht auch oft so schnell wie er gekommen ist.

Zinsen

Die Jubel-Arien, die ich in der ersten Ausgabe singen konnte, sind leider verklungen.
Die weltweite Wirtschaftskrise und die drastische Senkung von Zinsen haben auch hier ihre Spuren hinterlassen.

Vorbei die Zeiten, wo man bei der Zentralbank zu 16 - 18% Zinsen auf 2-3 Jahre Festgeld anlegen konnte, wofür die Zinsen pünktlich jeden Monat auf dem Konto bei der Hausbank gutgeschrieben wurden.

Man legt jetzt bei der Hausbank nur für ½ bis 1 bis 2 Jahre maximal fest. Der Zinstarif variiert und kann bei Drucklegung schon wieder ein ganz anderer sein.

Für eine Festlegung von 7 Jahren soll es einen beachtlich höheren Zins geben.

Wer aber will so ein Risiko eingehen?

Schon allein ein Regierungswechsel kann manche unliebsame Änderung bewirken, mit der man nicht gerechnet hat.

Man kann aber die Website der Zentralbank Im Auge behalten:
<u>www.bancentral.gov.do</u>

Zufriedenheit

Ihrer Zufriedenheit sollte nun eigentlich nichts mehr im Wege stehen. Ein fröhliches Leben liegt vor Ihnen, w e n n ...

...wenn Sie sich selbst richtig einschätzen und sich nicht mehr vornehmen, als Sie tatsächlich leisten können: Seelisch – körperlich – geistig und auch finanziell.

Ich hoffe, ich habe Ihnen helfen können, die häufigsten Fehler zu umgehen und zu vermeiden – so daß Sie nicht das oft beträchtliche Lehrgeld zahlen müssen, das häufig mit dem Start in einem neuen Land verbunden ist.

Ehrlich gesagt, ich hätte seinerzeit gern ein Vielfaches für einen solchen Ratgeber bezahlt, wenn es ihn damals schon gegeben hätte.

Diese Ausgabe wurde für Sie um viele wichtige Details erweitert, das Format in handlichem Taschenformat gewählt

Schließlich werden wir alle nicht alt genug, um alle Fehler selbst zu machen. Deshalb gib Ihnen dieser Report das Basis-Rüstzeug an die Hand für ein

zufriedenes Leben
im
Norden der Dominikanischen Republik.

Sollten Sie manche Darstellung als überzogen und / oder abschreckend empfunden haben, dann denken Sie bitte daran, daß ich nur ein bißchen Aufklärung betreiben will, damit Sie nicht allzu blauäugig und / oder mit rosaroter Brille in irgendwelche Fallen tappen.

Glauben Sie mir:
In vielen anderen Ländern wird es ein Einwanderer um ein Vielfaches schwerer haben, als Sie es hier in der Dominikanischen Republik jemals erleben werden!

Jetzt wissen Sie ja, wie es laufen kann und wie es
n i c h t laufen soll ... und deshalb wird es auch in dieser Weise nicht laufen...
und das ist mein schönster Erfolg, den ich mir wünschen kann!
Also nochmals

Bienvenidos in unserem Paradies
an der
Nordküste der Dominikanischen Republik

...und auch bei einer persönlichen Begegnung -
so Sie möchten...

Man sieht sich!.... und .
..schauen Sie doch bitte auch die nächsten Seite an>>>

¡Saludos cordiales y ... hasta luego!

Ria Silva	Cabarete, Febr.2013

ein Paradies geschenkt ???

das ist vorbei seit Adam und Eva - aber

ein Stück Paradies kaufen

Ja … das geht (noch !!) immer !

Ihr persönlicher Engel verrät Ihnen alle
Geheimnisse auf **YouTube-Video**>>>
www.dominican-invest.com
€-Kunden kaufen so günstig wie nie zuvor:
(noch immer starker € - schwacher US$)
retten Sie Ihr Geld mit dem Kauf einer
krisensicheren Traum-Immobilie in der Karibik
Finanzierung ohne Bonitätsprüfung
Versprochen!

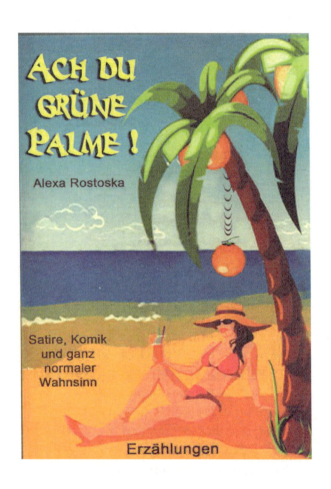

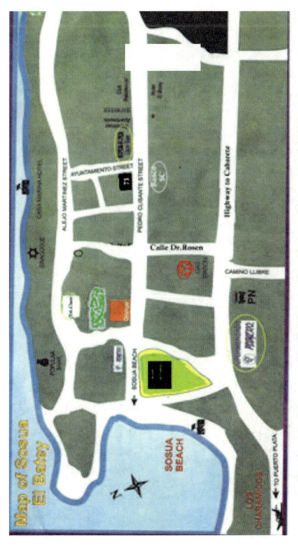

Karte von Sosua - El Batey : privat erstellt von unbekannt

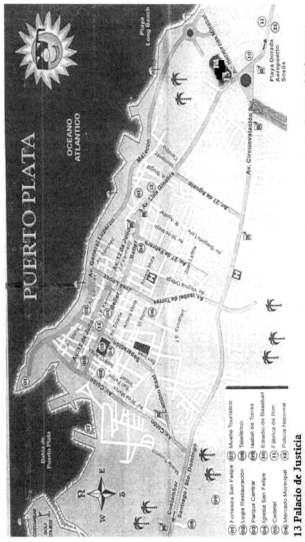

13 Palacio de Justicia
14 Tribunal de Tierra

Karte von Puerto Plata: erstellt privat von unbekannt

Wer Fehler gefunden hat, dart sie gern behalten …smile…
Für Anregungen und konstruktive Kritik sind wir jedoch immer dankbar.
Wertvolle Vorschläge notieren wir gern und werden sie im nächsten Up date berücksichtigen

Kontakt unter
      www.dominican-invest.com